T0258070

DRA. LIS MILLAND

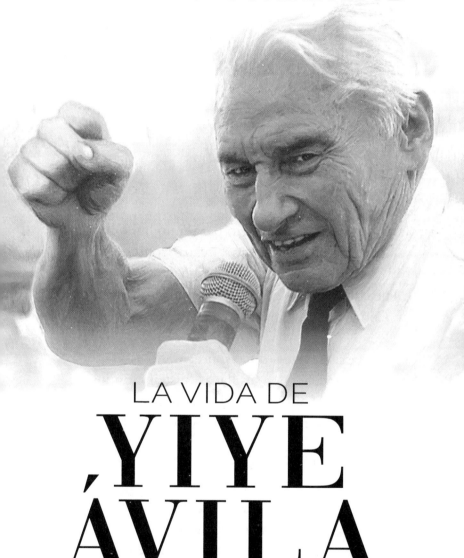

LA VIDA DE
YIYE
ÁVILA

UN TESTIMONIO VIVO DEL PODER DE DIOS

CASA
CREACIÓN
Para vivir la Palabra

Cristo Viene

Soñador. Desde el comienzo para ti no hubo barreras.
Era llegar, sobrepasar cada frontera.
Punta de lanza de una generación.
Fue con fe que te ganaste de los pueblos el cariño
Con el mensaje que alcanzó a grandes y niños.

«Cristo viene, dime si preparado estás»
«Cristo viene, por sus llagas fuisteis curados»
«Sonríe que Cristo te ama»
Frases que ni el tiempo borrará.

Fue por la gracia de Dios
Que está sobre ti
Que aun a aquel que te hizo daño
Te vimos bendecir
Gran enseñanza perdonar al que te hirió.
Eres conforme al corazón de Dios,

//eso no hay que dudar//

De testimonio intachable y humilde sencillez.
No fue en vano todo lo que dejaste atrás por predicar.
Cristo viene. Cristo viene.
Pregonero incansable nos unimos a tu voz.
Como un pueblo del ejército de Dios.

Cristo viene a toda raza y generación.
Ya se cumple.
Ya regresará el Señor.
Yo estoy seguro que mi Cristo viene.
Proclamaré hasta el final, Cristo viene.

Y que nos unimos a tu voz como un pueblo
del ejército de Dios.
Ya Cristo viene a toda raza.
Ya todo se cumplió. Cristo viene ya.
Ya regresa el Señor
Y porque nos enseñaste
Hoy tu pueblo quiere honrarte
Hombre fiel de pelo blanco.
Por tu vida… ¡Gracias!
—Ezequiel Colón

Para vivir la Palabra

MANTÉNGANSE ALERTA;
PERMANEZCAN FIRMES EN LA FE;
SEAN VALIENTES Y FUERTES.
—1 CORINTIOS 16:13 (NVI)

La vida de Yiye Ávila: Un testimonio vivo del poder de Dios por Lis Milland
Publicado por Casa Creación
Miami, Florida
www.casacreacion.com
©2022 Todos los derechos reservados.
©2022 por Dra. Lis Milland.

Edición tapa dura ISBN: 978-1-955682-46-6
Edición tapa blanda ISBN: 978-1-955682-69-5
E-book ISBN: 978-1-955682-47-3

Edición: *Ofelia Pérez*
Desarrollo editorial: *Grupo Nivel Uno, Inc.*
Diseño interior y portada: *Grupo Nivel Uno, Inc.*
Pintura de la portada: *Estudio/Taller* por *Jamie Thomas Workshop*
jamiethomasdj@gmail.com
Canción CRISTO VIENE: Ezequiel Colón en los 50 años de ministerio de Yiye Ávila

Impreso en Colombia

22 23 24 25 26 LBS 9 8 7 6 5 4 3 2 1

DEDICATORIA

Para escribir esta dedicatoria me he sentado en mi lugar favorito. Es uno en el que se manifiestan imponentes distintos tipos de verde. A mi izquierda danzan árboles en eterna primavera con hojas mojadas de rocío. Sobresalen unas flores tropicales en intenso color rojo que parecen redondas llamas de fuego. La brisa acaricia mi faz. Hay un angelical silencio. Ni siquiera los ruiseñores que con frecuencia hacen conciertos en deleitosa armonía se escuchan por aquí. Estoy agradecida porque es el escenario perfecto para conectarme con personas que reconozco hoy en letras, pero que siempre están con amor y alegría en mi corazón.

Dedico este amado libro a cada agricultor que está sembrando la semilla del Evangelio. A todo aquel que tiene un llamado como ministro del Señor y que es consciente que este es el privilegio más alto otorgado, la oportunidad más sublime y la encomienda más pura.

A todos aquellos que han visto o que verán en Yiye Ávila un modelo a seguir en la humildad, en la vocación de servir, en la entrega ministerial de forma incondicional, en la activación de la fe, en el regalo de perdonar, en el don de amar y de manifestar el poder de Dios.

A cada persona que necesita a Jesús en su vida. ¡Es el único que puede llenar el vacío en el corazón! Tu vida se convertirá en un hermoso jardín si invitas al Señor a morar en tu ser. No quiere decir que no habrá espinos, pero cuando reina Cristo, podrás florecer independientemente de las circunstancias. Yiye dedicó su alma y su cuerpo a expandir este glorioso evangelio. Un libro sobre su vida jamás podrá desprenderse del mensaje de la salvación, y ese mensaje puede ser necesario para ti ahora.

No considero este libro como un escrito de papel y tinta, sino como una travesía de obediencia materializada. Mi buena amiga, la Dra. Idarmis Pérez, y mi mentor por muchos años, el Dr. Elihú Santos, merecen ser reconocidos en este proyecto.

Gracias por viajar mano a mano conmigo en esta aventura de fe viviente. Se comprometieron tanto como yo porque la sensibilidad de sus corazones y la elevada conexión con el Espíritu Santo los llevó a comprender de forma inmediata el propósito de este libro como uno lanzado del mismo Cielo. Gracias infinitas por dedicar horas a la investigación, y más importante aún, el apoyo en oración y ánimo a mi alma.

Desde aquí puedo ver y oler un terreno húmedo que me hace pensar que ustedes hundieron los pies en la tierra y mancharon sus manos de barro conmigo para esta esperada labranza. ¡Hoy disfrutamos la cosecha y le damos juntos la Gloria al Señor!

AGRADECIMIENTOS

La gratitud es una fuente de luz y amor extraordinaria. Los agradecimientos en un libro son una forma de honrar a personas maravillosas que contribuyeron al cumplimiento del propósito de Dios hecho realidad en sus páginas.

Honro a:

Mi esposo, Luis Armando: tu amor, compañía, dulzura, asertividad en justicia y lealtad inquebrantable han sido unos constantes de tu parte en todos mis libros. Particularmente en este me diste un apoyo muy especial en oración y ayuno. Vivo agradecida y enamorada de tu humildad. No te interesa brillar, solo servir.

Personas que con pureza y belleza en sus corazones me dieron entrevistas:

Alberto Motessi, Benjamín Rivera, René González, Hiram Montalvo, Dr. Magdiel Narváez, Ezequiel Colón, Gloria Velázquez, Luis Enrique Falú, Dr. Samuel Pagán, David Nieves, Mario Ramos, Dra. Raquel Echevarría, Rosa Ferrer, Dr. Samuel Otero, Rafael Morales, Edwin

Rivera Manso, Joel Ubiñas, Micky Mulero, Juan Carlos Matos, Yadiel Román, Juan González, Artemio de Jesús.

Museo de Historia de Camuy, por su apoyo cultural a esta obra.

Ofelia Pérez, editora. Tengo muy claros los recuerdos de cuando me cruzaba contigo en los pasillos de Expolit en Miami y te decía: «¡*Algún día se me va a cumplir el deseo de que me edites un libro!*». Ese día llegó y estoy muy agradecida.

Gracias especiales a una persona que confió en nosotros y nos habló, por primera vez en su vida, sobre la inigualable expresión de perdón y amor en Yiye Ávila, honrando la estatura del varón perfecto en Cristo de nuestro evangelista.

A Sergio Daldi, presidente y propietario de la Editorial Casa Creación. Gracias por tu apoyo incondicional y tu interés de crear un libro único y memorable. Me saboreé ver tu compromiso total. Prácticamente hablamos a diario sobre este proyecto. Nos disfrutamos cada milagro con el que el Señor nos sorprendió. ¡Muchas veces te he dicho que Luis Armando y yo aprendemos mucho de ti! En casa decimos que tú eres «una universidad». Hoy te honro públicamente. Me acompañaste en el temor a Dios sobre este proyecto. Nada fue casualidad. Todo fue orquestado por Dios en formas extraordinarias. Estoy segura de que este es el legado para miles de personas y muchas generaciones. Gracias por ser obediente. La obediencia al Señor siempre trae recompensas.

ÍNDICE

Prólogo

Los mejores momentos en la vida a veces son recordados con nostalgia. Los sonidos, imágenes y sentimientos que quedan pegados al alma nos permiten mirar desde la distancia del tiempo añorando el pasado. Sin embargo, a veces no solamente provocan nostalgia, sino también ánimo, fuerza y empuje para forjar el futuro con la similitud de esas memorias.

En mi pasado existen sonidos e imágenes que jamás he podido olvidar conectados a la persona que en esta biografía es el personaje principal. Muchos lo conocieron como el gran evangelista Yiye Ávila, pero para los camuyanos era nuestro hermano Yiye.

Sin quitar a la grandeza de su figura ministerial, aquí en nuestro pueblo de Camuy podíamos verlo manejando en su auto o cuando a veces se detenía a comprar legumbres en quioscos al lado de la carretera. En cualquier momento era una experiencia estar cerca de él, pues podías palpar la humildad que lo caracterizaba y su gran sonrisa acompañada de su saludo peculiar: «Hermanito, Dios te bendiga».

Recuerdo en mi niñez el sonido de su voz al medio día a través de la radio, con la frase que hacía eco en el mundo físico y espiritual: «Por sus llagas fuisteis sanados, amén, bendito sea Jesús». Miles la escucharon y encontraron en su vida el toque de Dios para ser sanos y salvos. Un día escuché que habría una campaña en nuestro pueblo con nuestro compueblano, el hermano Yiye. No sabía qué esperar. Era la primera vez que iba a estar en una campaña en vivo; todas las demás las había escuchado en la radio.

¿Qué sucedería esas noches? Esa era mi pregunta constante mientras esperaba el evento con grandes expectativas. En mi espera pensaba, ¿será posible que yo vea los milagros esa noche? ¿Se salvará gente como hemos oído que sucede en otros lugares del mundo?

Panamá, Nicaragua, Honduras, México, Colombia, Venezuela, Chile, Argentina y otras naciones latinoamericanas lo habían visto, ¿será posible que ocurra en Camuy?

No era falta de fe, era una curiosidad divina por ver lo que Dios podía hacer en nuestro pueblo con un hombre procedente del mismo.

Llegó el día, estaba cerca de la plataforma. Podía ver el rostro de muchas personas marcado por el dolor de sus enfermedades, y la angustia de otros que estaban lejos de Dios. Recuerdo cantantes reconocidos de la época tomar participación para ministrar al pueblo de Dios.

De momento se acercó hacia el micrófono nuestro amado Yiye Ávila y ahora no era a través de la radio que escuchaba su voz, tampoco como un saludo amable de un hermano en la fe. Su voz se escuchaba como de trompeta. El ambiente y la atmósfera habían cambiado por completo. El lugar estaba lleno de una electrificante presencia de Dios. Las palabras que salían de su boca golpeaban el corazón de los oyentes mientras algunos adoraban y otros miraban con sorpresa por el poder que se sentía en el lugar.

Ese día con mis ojos pude ver gente soltando sus bastones, otros saliendo de sus sillas de ruedas. Algunos se quitaban sus espejuelos, otros oían con claridad nuevamente o hablaban por primera vez, siendo sanos por el mismo Jesús que predicaba Yiye Ávila. Lágrimas corrían por las mejillas, manos se alzaban dando gracias a Dios por el milagro que cada uno estaba recibiendo esa noche.

¡Qué imágenes y sonidos tan extraordinarios para todos los que estuvimos allí esas noches! Son los sonidos e imágenes que llevo en el corazón, por supuesto con gran nostalgia, no lo niego, pero a su vez los que también me animan a seguir tras las pisadas de un General de la Fe que pude ver de cerca.

El libro que tienes en tus manos tiene como propósito trasladar esas imágenes, sonidos e historias en palabras que, al leerlas, te lleven a conocer al hombre que vimos en nuestro pueblo y que el mundo recibió como el siervo del Señor, el evangelista Yiye Ávila.

Seguramente le sucederá también a usted, como a muchos de nosotros, que al leer lo que Jesús hizo con un hombre simple de Camuy, Puerto Rico, anhele conocer a Jesús y servirle de igual manera. Oro y pido a Dios que, aunque mires desde la distancia del pasado, recibas ánimo, fuerzas y empuje para ver a Dios de la misma forma en este tiempo.

PASTOR TITO CABÁN
Iglesia Avance Internacional
Camuy, Puerto Rico

«El justo florecerá como la palmera;
Crecerá como cedro en el Líbano.
Plantados en la casa de Jehová,
En los atrios de nuestro Dios florecerán.
Aun en la vejez fructificarán;
Estarán vigorosos y verdes».
—Salmos 92:12-14 (RVR 1960)

UNA TRAVESÍA SOBRENATURAL

☙❧

«Ningún ojo ha visto,
ningún oído ha escuchado,
ninguna mente humana ha concebido
lo que Dios ha preparado para quienes lo aman».
—1 Corintios 2:9

¡Prepárate! Al leer este libro, vivirás una experiencia sin precedentes, como me ocurrió a mí como escritora. Yiye Ávila, el hombre de Dios obediente, incondicional siervo fiel de Cristo, el que fue llamado para desplegar el poder sobrenatural de Dios, está reflejado en esta obra como nunca antes. Aquí no solo leerás detalles inéditos de su vida.

La trayectoria de escribirlo es evidencia de la intervención divina. Tan pronto decidimos comenzar el proyecto, recursos únicos de información llegaron de maneras inesperadas. Aparecieron entrevistas grabadas; fotos que ni se sabía que existían; testigos visuales de milagros; una invitación a predicar en la primera iglesia donde Yiye predicó en los Estados Unidos (sin que se supiera que yo tenía esta asignación, ni yo conociera la importancia de la iglesia); una entrevista exclusiva con alguien muy significativo. Esto y más orquestó Dios oportuna y sorpresivamente. ¡Un proceso impresionante!

En cada uno de los libros que he tenido la bendición de escribir he visto al Señor obrar en formas extraordinarias. Sin embargo, el trato que el Espíritu Santo ha tenido con este libro, «La vida de Yiye Ávila: un testimonio vivo del poder de Dios», ha sido sobrenatural. Creo con todas las fuerzas de mi corazón que es una puerta abierta que emanará unción sobre todas las personas que lo lean.

En mí, ha generado un torbellino de vivencias; ha sido una experiencia que me ha marcado para siempre. Después de escribirlo, no soy la misma persona y sé que lo mismo te sucederá a ti, amado lector. No es de extrañar que este proceso de revelación e investigación al escribir haya sido sobrenatural. La vida de nuestro Yiye Ávila fue excepcional, en un caminar espiritual que conocerás en este libro en detalles únicos, que reafirmarán tu fe en que Dios sigue haciendo grandes milagros.

En el año 2008, me surge un pensamiento repentino y le digo a mi esposo: «algún día me gustaría escribir la biografía de Yiye Ávila». Siempre confiamos en el Señor y descansamos en la perfección de sus tiempos. Dios es el capitán que dirige nuestra barca. En esta travesía he visto al Señor detrás del timón mostrándome la dirección por dónde navegar para alcanzar el propósito estipulado por Él.

El Señor nos señala para asignaciones especiales porque conoce nuestro interior. Él sabe perfectamente cómo somos y quiénes somos. ¿Por qué el Espíritu Santo me ha guiado para la labor de escribir este libro si nunca conocí en persona al evangelista Yiye Ávila? Siempre al escuchar su nombre algo resonaba dentro de mí, pero nunca tuve ni he tenido nada que ver con su vida, ni con su ministerio. ¡Así son los misterios de Dios! Lo maravilloso es que cuando decidimos vivir en el Espíritu, esos misterios nos son revelados. En ocasiones esa revelación se da en un instante, en otras, con el trascurrir del tiempo. Lo importante es ser obedientes y valientes sobre lo que Dios nos manda a hacer. Por Su Gracia, somos flechas lanzadas por Él. En Isaías 41:10 (NVI) dice:

«Así que no temas, porque yo estoy contigo;
    no te angusties, porque yo soy tu Dios.
Te fortaleceré y te ayudaré;
    te sostendré con mi diestra victoriosa».

Los escritores no escogemos los temas de los libros, sino que los libros y los temas nos escogen a nosotros. Quien ha tenido esta experiencia puede comprender a cabalidad a lo que me refiero. De hecho, no solo escogen a los escritores, también escogen el momento histórico en el que deben ser publicados. Son como las piezas de un rompecabezas que cuando quien controla el asunto es el Cielo, al unirse esas fichas tienen por nombre: «plan perfecto de Dios». Ya lo establece la Biblia en Salmos 37:23 (RVR 1960).

«Por Jehová son ordenados los pasos del hombre,
y él aprueba su camino».

PRESAGIOS DE UN PLAN SORPRENDENTE

Unos años más tarde de haberle hecho el comentario a mi esposo, nos encontrábamos predicando en Ecuador. Este es un país que amo profundamente y donde el Señor nos ha permitido ver milagros y maravillas. Al terminar de ministrar en un congreso de mujeres en la ciudad de Guayaquil, nos intercepta una tierna viejita que había caminado kilómetros para llegar al lugar donde se llevó a cabo el congreso. Sus manos llenas de arrugas ponen en las mías un carnet de una campaña: «Guerra contra la violencia. Explosión 98», en el que estaba plasmado como evidencia el hecho de que ella fue ujier en esa campaña de Yiye en Ecuador.

Cuando la viejita escuchó que quienes estábamos predicando éramos de Puerto Rico hizo todos los esfuerzos posibles e imposibles para llegar al lugar. Caminó por ocho horas para enseñarnos ese documento que representaba para ella una profunda señal de amor y la memoria de una experiencia que la marcó para siempre. Mi esposo y yo le mostramos mucho amor y agradecimiento.

En un viaje misionero dentro de la selva panameña trabajando con la tribu Ngobe-Bugle entre montañas, caudalosos ríos y flores llenas de mariposas, una mujer vestida con el multicolor esplendor de los trajes de las indígenas camina en dirección hacia mí, se coloca de frente y mirándome con unos destellantes ojos negros me dijo: «*llego hasta donde usted porque me dijeron que es de Puerto Rico. Yo soy de Ciudad de Panamá, pero el Señor me envió aquí porque hace años me habló a través de su siervo Yiye Ávila y el Espíritu Santo le mostró que había un pueblo indígena que me estaba esperando. Dejé todo atrás y aquí estoy*».

Durante todos los días que estuve en la selva no podía dejar de seguirle la pista a esa victoriosa mujer. La vi orar por los indígenas que le entregaban sus vidas al Señor. La vi repartir los alimentos a la comunidad. La vi acomodar en línea a los convertidos para que entraran a bautizarse en el rio. La vi distribuir espejuelos a las personas con dificultad en la vista. La vi adorar a Dios con devoción. La vi abrazar. La vi amar. La vi ser el fruto de un llamado del Señor a través de un hombre humilde con propósitos extraordinarios.

De ahí en adelante, en lo que yo llamo «un hilo conductor de Dios», en cada tierra del mundo que el Señor nos ha permitido llegar para predicar este glorioso evangelio, nunca, pero nunca, ha faltado por lo menos una persona que al saber que soy puertorriqueña me habla de Yiye Ávila. De hecho, no solo me ha ocurrido en los viajes ministeriales, en los viajes de vacaciones con mi familia también me ha sucedido. ¿Casualidad? ¡Claro que no! Dios estaba preparando el surco que nos traería hoy hasta aquí: el libro que tienes en tus manos.

En el año 2019 estaba con mi hermana y un lindo grupo de mujeres en Israel. Compartíamos con mujeres de México y Colombia. ¿Qué ocurrió? Una vez más, y en un asunto que de forma automática me dibuja una sonrisa, las mujeres comenzaron a hablar de experiencias con Yiye en sus países.

Suelo contarle a mi hermana todas las cosas de mi vida. Ella es mi mayor confidente. Sin embargo, nunca le había dicho lo que le había mencionado trece años atrás a mi esposo. Cuando llegamos a la habitación del hotel en Tierra Santa, mi hermana me dice en la estruendosa y entusiasta voz que la caracteriza: «¡Lisita, tú debes escribir la biografía de Yiye Ávila!». Me quedé muda. Guardé esa experiencia, como las otras, en mi corazón.

MI ORACIÓN CONTESTADA

«Todo tiene su momento oportuno; hay un tiempo para todo lo que se hace bajo el cielo».
—Eclesiastés 3:1 (NVI)

El año pasado fui invitada a cenar en Miami por Sergio Daldi, presidente de la editorial Casa Creación, y su esposa Sofía, una mujer bellísima, tanto por dentro como por fuera. Me acompañaron en la reunión dos amigas incondicionales. Tenía mucha emoción con esa cita porque compartiríamos por primera vez en persona, luego de hablar meses por teléfono, ya que Casa Creación es la editorial de cinco de mis libros.

Puedo ahora mismo cerrar los ojos y recordar minuto a minuto esa singular noche en la que terminamos tomados todos de la mano y orando. Lo más que me impresionó de ese encuentro fue que al sentarnos en la mesa del restaurante, Sergio emanó de su boca las célebres palabras que crearon una revolución interna que se me haría muy difícil describir con palabras, y eso es muy raro en un escritor. Mirándome fijamente a los ojos, Sergio me dijo: «*Quiero que escribas el testimonio de Yiye Ávila*». Creo que si no hubiera estado sentada me hubiera caído hacia atrás. Yo nunca le había ni mencionado a Sergio el nombre de Yiye Ávila. En ese mismo instante comprendí mejor a lo que se refiere el texto bíblico que dice:

> «*Pues Dios es quien produce en ustedes tanto el querer como el hacer para que se cumpla su buena voluntad*».
> —Filipenses 2:13 (NVI)

Una mañana ministrando en Adjuntas, Puerto Rico, en la que hubo muchas manifestaciones del Señor en salvación, liberación, palabra profética y sanidades físicas, en un momento dado sentí dirigirme a la audiencia y como llamas de fuego que salían de mi vientre y se trasportaron hasta mis labios, con gran autoridad dije:

> «Ustedes se preguntan qué ha pasado con el tiempo de los milagros. Se han estado preguntando por qué ya casi no se ven los portentos que se manifestaban de parte del Señor a través de su siervo Yiye Ávila. Se preguntan por qué no suceden aquellas

cosas. El Señor está aquí. El sacrificio de su sangre tiene poder. La fuerza del Espíritu Santo está aquí. Solo hay que creer. Hay que entender, como Yiye, que quien lo hace es Cristo».

Al salir de Adjuntas, inmediatamente tomé el teléfono y le escribí a Sergio: «Ya tengo el título para el libro: «La vida de Yiye Ávila: un testimonio vivo del poder de Dios». La respuesta de Sergio fue: «no me hagas llorar un sábado tan temprano».

Durante la travesía de la escritura de este libro he visto a Dios manifestarse de formas sorprendentes. A pesar de ser criada en el evangelio, esta experiencia me ha llevado a conocer al Señor en unas formas que aún no conocía. De hecho, así se supone que siempre sea porque esta es una ruta en la que debemos seguir creciendo, y nunca debemos quedarnos estancados en el conocimiento de Dios. Tal y como manifiesta el apóstol Pablo:

> *«...olvidando lo que queda atrás y esforzándome por alcanzar lo que está delante, sigo avanzando hacia la meta para ganar el premio que Dios ofrece mediante su llamamiento celestial en Cristo Jesús».*
>
> —Filipenses 3:13-14, NVI

El Señor ha sido el director y productor de este proyecto. En septiembre de 2021 y ya habiendo comenzado a escribir el libro, me encuentro predicando en Florida, Estados Unidos. Mientras descansaba en el hotel para ministrar en la noche, el Espíritu Santo me mueve a entrar a las redes sociales con la sensación que tiene un niño cuando le van a entregar un regalo. Al abrir Facebook me encuentro de inmediato la publicación de un periodista puertorriqueño, Luis Enrique Falú, en la que había puesto una foto de él con Yiye y sobre la foto había escrito: «*Una de mis mejores entrevistas. Entrevista al evangelista internacional Yiye Ávila*». Esto condujo a que yo tuviera acceso al contenido de esa entrevista y a que luego pudiera compartir con mi buen amigo Falú sobre su experiencia de conocer a Yiye y entrevistarlo.

Unas pocas semanas después me escribe Sergio para decirme que aparecieron unos casetes propiedad de Casa Creación que, al escucharlos, eran nada más y nada menos que dos horas de entrevistas a Yiye Ávila realizadas por Tessie Guell DeVore y Lydia Morales, ambas ejecutivas de la editorial en aquel momento. Las entrevistas se realizaron en los años 1998 y 2006. En ellas se percibe la profundidad espiritual de Yiye, su carácter jovial y su gran sentido del humor.

Sergio viaja de Miami a Puerto Rico por unas horas con la única intención de traerme los casetes y una casetera. Gran parte de este libro está basado en esas entrevistas. A través de la voz de Yiye he podido escribir muchas cosas de su historia. ¡Qué gran privilegio el narrar su biografía a través de lo que salió por sus propios labios! Cuando Dios tiene un plan hace una orquestación perfecta.

Compartiré contigo en estas páginas la mayoría de lo vivido en la aventura de escribir este singular libro. Te confieso que hay otras experiencias que no publicaré. Sin embargo, todas han sido profundamente digeridas. Muchas han sido de gran aprendizaje, confrontación y un trato muy íntimo y personal del Señor conmigo.

Es nuestro propósito, con este libro, lleno de situaciones inesperadas y totalmente afines con el ambiente de los milagros que Yiye representaba, que el nombre de nuestro amado Señor Jesucristo sea altamente glorificado; honrar con respeto y amor la vida y la obra del evangelista Yiye Ávila, y dar a conocer su trayectoria y lo que significa para el mundo cristiano; entender el fundamento del perdón y ponerlo en acción; y comprender los frutos de la vida devocional.

Mas allá de todo esto, nos mueve el anhelo de que tanto el pueblo de Dios como el mundo se sostengan en su fe de que el mismo Cristo que hizo milagros ayer, los hace hoy y los hará mañana y siempre. Cristo reina en lo sobrenatural. Pretendemos que los ministros del Señor sean desafiados y fortalecidos internamente por esta verdad eterna. Y oramos para que esta obra sea un legado de profunda inspiración para las generaciones presentes y futuras.

«Hay que llevar el evangelio con poder,
sabiendo que el tiempo es corto y
que ya todo está cumplido».
—Yiye Ávila

NACE UN GENERAL DEL SEÑOR

∞

«Antes de que te formase en el vientre te
conocí, y antes de que nacieses te santifiqué,
te di por profeta a las naciones».
—Jeremías 1:5 (RVR 1960)

Dios usó en proporciones sobrenaturales, con resultados extraordinarios y como fruto directo de su gracia a un hombre común del pueblo de Camuy, Puerto Rico. José Joaquín Ávila, mejor conocido como Yiye Ávila, nace el 11 de septiembre de 1925 en este hermoso pueblo que está ubicado en el Llano Costanero del Norte y que es arrullado por el imponente y siempre intenso azul del océano Atlántico.

Yiye se crió entre verdes montañas. El campo es como una atracción con tiempo para la fascinación y el asombro. En Camuy las mañanas son como ver oro líquido encima de los mogotes. Las aves por el aire esparcen vuelos con sabor a mar. El viento siempre levanta un poco de barro, el que a veces se deposita en las enredaderas de flores que bajan por los árboles. No debemos extrañarnos de que Yiye se refiera al escenario de su infancia como *«mi campito»*. Hasta el tono de su voz cambiaba cuando decía *«yo soy del campo»*. En el campo vivió por 24 años. El apodo de Yiye, ni él mismo supo de dónde salió, ni quién se lo puso, pero así fue conocido por todos.

No es tarea sencilla hacer un boceteo en palabras del evangelista de habla hispana más conocido a nivel internacional. Sin embargo, escribir sobre él tiene gran importancia porque es conocer sobre las raíces del evangelio en América Latina y la propia identidad espiritual de muchos creyentes y su descendencia. Su vida tiene mucho que enseñarnos al día de hoy.

Yiye pasó la mayor parte de su vida viajando por los senderos del mundo en un acto de obediencia. Tal y como lo hacía el apóstol Pablo, iba de un lado a otro llevando el mensaje de amor más importante de la historia, el del evangelio de nuestro Señor Jesucristo. Oraba por los enfermos del alma y del cuerpo, siendo a través de quien el Señor hacía milagros poderosos. Obedeció el mandato de Jesús cuando dijo:

> *«Vayan por todo el mundo y anuncien las buenas nuevas a toda criatura».*
> —Marcos 16:15 (NVI)

«Yiye» es un nombre que ha trascendido a las naciones y a través de los años. A tal grado fue su expansión y trascendencia que hay quienes en Latinoamérica se refieren a Puerto Rico como *«la tierra de Yiye Ávila»*. Sin embargo, a él nunca le interesó que su nombre fuera el reconocido, ni el admirado. Para él, ese honor correspondía solamente al nombre que es sobre todo nombre: Jesucristo.

Fue hijo único de Herminia Portalatín y Pablo Ávila. Sus padres habían tratado de tener hijos antes del nacimiento de Yiye, pero perdieron dos embarazos. Pero en la mente de Dios había un plan y este habría de cumplirse. Yiye fue el regalo del Cielo que les dio la dicha de ser padres. Los hijos únicos suelen ser líderes, independientes, perfeccionistas, creativos, tienen metas altas, son buenos estudiantes, desarrollan sus habilidades y la mayoría de ellos terminan siendo personas influyentes. Estas características van en sintonía con el perfil de Yiye Ávila.

El apellido paterno Ávila significa *«la casa»* y el apellido materno Portalatín significa *«puerta del cielo»*. Es interesante que, si unimos los dos apellidos, significan *«la casa de la puerta del cielo»*. La familia era de origen sefardí. Estos son descendientes judíos expulsados de la Península

Ibérica a finales de la Edad Media, que en su diáspora formaron comunidades en diversos países de Europa. Estos llegaron desde las Islas Canarias y Génova a principios del siglo 20. Tanto su madre como su padre eran personas profesionales que ejercían el magisterio.

ESTUDIANTE SOBRESALIENTE Y DESTACADO DEPORTISTA

Yiye comenzó sus estudios en la escuela de Camuy ubicada en el barrio Ciénaga, hasta su sexto grado. Terminó su duodécimo grado en el año 1942. Estudió en la Universidad Interamericana de San Germán, conocida entonces como el Instituto Politécnico. La universidad tenía un enfoque cristiano, por lo que dice Yiye que no fue casualidad que llegara hasta ella porque *«algo que fue decisivo se me pegó a mí allí»*. Dios siempre permite que entremos por puertas estratégicas que son parte del cumplimiento de sus propósitos en nuestra vida. Nada es casualidad. Todo es usado por Dios para que se alcance el cumplimiento de sus diseños para con nosotros.

Al escuchar a Yiye predicar, al ver cómo contestaba las entrevistas y al leer sus escritos, pude notar su alto nivel de inteligencia intelectual, social y emocional. Fue un estudiante universitario destacado y ejemplar. Obtuvo un Bachillerato en Ciencias Naturales. De hecho, su anhelo era estudiar medicina, pero su atracción por el deporte era más fuerte. ¡Qué interesante que alguien que quiso ser médico fuera un instrumento tan poderoso en las manos del Señor para sanar a los enfermos! No por conocimiento humano, sino por el poder de Dios.

Se casó el 23 de diciembre de 1950 con Carmen Delia Talavera, quien es conocida como Yeya. Es una mujer a quien muchos describen como fuerte, valiente y que aún tiene pasión ardiente por las almas y una confianza muy firme en Jesucristo. En la entrevista que la revista Vida Cristiana le hizo a Yiye en el 2006, él se refiere a Yeya como una mujer trabajadora y entregada al servicio del Señor. Su esposa dirigía el Departamento de Personal, y estaba a cargo de la librería, el correo y una cafetería en el ministerio. En palabras de Yiye: *«ella trabaja todo el día»*. Yiye dice que era tremendo el que juntos le sirvieran al Señor y que pasaran el día entero en las oficinas del ministerio. Yiye se convierte a Jesucristo primero, y luego Yeya conoce al Señor a través de su esposo.

Tuvieron tres hijas: Carmen Ilia, Iris Noemí y Doris Myrna. La hija mayor, Carmen Ilia, Yiye la describió como *«cariñosa y de carácter bien afable, cariñosa con su padre como nadie, una dulzura de muchacha»*. A Noemí la describió con admiración como ganadora de miles de almas, predicadora internacional y quien levantó muchas obras. Tanto Carmen Ilia, como Iris Noemí, se encuentran en estos momentos en la presencia del Señor. Yiye sufrió profundamente la muerte de estas muy amadas hijas. Doris, la menor, está casada, tiene una imprenta en Puerto Rico y es una bendición enorme para la vida de su madre. Yiye y Yeya tuvieron el bendito regalo de nueve nietos y han sido coronados con la herencia de biznietos.

Yiye fue maestro de escuela en Química y Biología por más de 20 años. Los estudiantes lo amaban, respetaban y admiraban. En diferentes entrevistas que he realizado, las personas han coincidido en que Yiye fue una persona con un gran sentido del humor, jovial, alegre y feliz. Poseía un don de gente extraordinario; uso este concepto porque se salía de lo que ordinariamente hace un maestro. ¡Qué hermoso es cuando en nuestras profesiones damos la milla extra y sembramos amor!

Mientras daba clases también se destacaba en el deporte. Jugó pelota para la clase A y Doble A del equipo de Camuy Arenas, pero fue en el campo del fisiculturismo donde más se destacó. Obtuvo el título de Mr. Puerto Rico en el año 1952, en la división de su tamaño. Fue un hombre considerado como bajo de estatura, pero con toda la autoridad y la unción para derribar a los gigantes.

Representó a Puerto Rico en los Juegos Centroamericanos de México, en el levantamiento de pesas. En 1954 ganó el título de Mr. Norte América en Nueva York, también en su división de estatura. Estos premios le dieron gran fama y abrieron la puerta para que su foto estuviera en la portada de la revista «Strength and Health» de marzo de 1955, una de las revistas más populares en estas disciplinas en los Estados Unidos.

ENFERMEDAD DECISIVA

Yiye manifestó que *«mientras estaba en el mundo estaba todo el tiempo en el deporte»*. Un diagnóstico de artritis reumática le cambió por completo lo que él consideraba su futuro. La enfermedad le causaba un dolor agudo e insoportable, sobre todo en las rodillas. Tenía mucha dificultad para caminar y para doblarse. Buscó ayuda y estuvo en tratamientos clínicos tratando de encontrar alivio a tan terribles dolores, pero era un padecimiento crónico que tronchó su carrera. Yiye describe esta enfermedad como una que «*me arruinó toda la participación en el deporte*».

La artritis reumatoide es una enfermedad autoinmune que se caracteriza por trastorno inflamatorio crónico e hinchazón sumamente dolorosa. Puede terminar con erosión ósea y deformación de las articulaciones, llegando a causar discapacidades físicas. Enfrentarnos a situaciones en las que no tenemos control puede provocarnos altos niveles de frustración. Para los tiempos de Yiye casi no había tratamientos para esta condición. Esta enfermedad fue precisamente el puente que condujo a Yiye a un encuentro personal con Jesucristo. La Biblia dice:

> «*Ahora bien, sabemos que Dios dispone todas las cosas para el bien de quienes lo aman, los que han sido llamados de acuerdo con su propósito*».
> —Romanos 8:28

CLAMOR

El Señor siempre llega en los desiertos de nuestra vida para Él glorificarse, sobre todo en aquellos en los que hemos caído al suelo rendidos. Dios le hizo recordar a Yiye una Biblia que tenía en su casa. Muchas personas tienen la Palabra de Dios muy cerca. En el caso de Yiye era una Biblia que tenía por causa de estudiar en la universidad evangélica. Pudo entender que la Biblia es la Palabra de Dios y ante la dureza de esa enfermedad que le causaba desesperación, decidió leerla para ver si Dios tenía misericordia de él. Encontró allí las promesas de sanidad para el cuerpo y comenzó a clamar al Señor por un milagro. Dios le dijo a Jeremías:

«Clama a mí y te responderé y te daré a conocer cosas grandes y ocultas que tú no sabes».

—Jeremías 33:3

Yiye clamó a Dios y dijo: «*¡Sáname!, si Tú me sanas, yo te sirvo*». Pero según Yiye, Dios no se conforma con que *«uno le prometa cualquier cosita, uno debe ir delante de Él en una forma profunda y detallada para poder moverse»*. Dios le contesta en voz audible: *«Todavía no»*. Los tiempos de Dios son siempre perfectos y cuando escuchamos su voz diciéndonos que todavía no es el momento, Él sabe muy bien lo que hace y por qué lo hace. Hay propósitos buenos para nosotros detrás de cada una de sus acciones, como cuando dijo a través del profeta Jeremías:

«Porque yo sé muy bien los planes que tengo para ustedes- afirma el Señor- planes de bienestar y no de calamidad, a fin de darles un futuro y una esperanza».

—Jeremías 29:11

SALVO Y SANO

Yiye se convierte al evangelio escuchando a Oral Roberts, un ministro norteamericano sanado de tuberculosis de forma milagrosa cuando tenía 17 años. Roberts comenzó su ministerio con servicios de sanación. Se extendieron por todo Estados Unidos y hasta el mundo entero. Fue un pionero en introducir cámaras de televisión en los servicios desde donde se transmitían los milagros. Propulsó que los televidentes llamaran para solicitar oración. Fundó la Universidad Oral Roberts en Tulsa, Oklahoma, y hasta el día de hoy su ministerio impacta a muchos, a pesar de que falleció en el 2009.

Oral Roberts no solo fue el ministro usado por el Señor para que Yiye le conociera, sino que también su ministerio tuvo una gran influencia en su vida y en su llamado. Yiye tenía 35 años de edad cuando un día se encontró con un programa de televisión de Roberts en el que hacía llamado a conversión y oraba por los enfermos, y fue altamente impactado con el hecho de que los enfermos se sanaran de forma milagrosa. Escuchó cuando a través de la televisión el evangelista dio una orden y dijo: «*Acepte a Cristo como Salvador, lea la Biblia y vaya a la iglesia*».

La vida de Yiye Ávila fue marcada con el mensaje de la cruz y con el poder que manifiesta. Tirándose de rodillas rindió su vida a Cristo. ¡Esas mismas rodillas que se doblaron en tantas tarimas del mundo antes de predicar!

Un día amaneció sano por completo. En palabras de Yiye: «*amanecí nuevo, sin ningún síntoma*». Cuando fue sano entrenó en el gimnasio ese mismo día junto a otros profesionales atletas que entrenaban con él y se quedaron atónitos. Inmediatamente comenzó a testificarles de lo que Dios había hecho.

Yiye había tenido un encuentro muy real y verdadero con Jesucristo. En su conversión tuvo claro que las cosas de la tierra son todas temporales y frágiles. Lo que parecía fuerte como aquel desarrollo físico, era nada. Llegó a entender que necesitaba algo estable y sólido que no tuviera fallas como lo que tenía antes. Nos recuerda lo que expresó el apóstol Pablo:

> «*Ya que han resucitado con Cristo, busquen las cosas de arriba, donde está Cristo sentado a la derecha de Dios. Concentren su atención en las cosas de arriba, no en las de la tierra*».
>
> —Colosenses 3:1-2

Yiye fue salvo, y un tiempo después, fue sanado milagrosamente porque creyó que sería curado de su enfermedad y al que cree todo le es posible (ver Marcos 9:23). La forma en que Yiye conoció al Señor Jesucristo fue extraordinaria: a través de un ministro que fue sanado sobrenaturalmente, que fue utilizado para la manifestación de milagros y con el que Yiye también vivió su sanidad. ¡Qué extraordinarios paralelismos! ¡Gloria al Señor! Dios tiene un plan que se cumple.

Yiye tuvo un encuentro íntimamente personal con ese a quien tanto amó, que le dio vida en su alma, significado y propósitos. Aquel que era su esperanza. A quien identifica como el único que lo movió a hacer todo lo que hizo para su gloria. Aquel por quien padeció y sufrió. En las propias palabras de Yiye:

> «*Ha sido un caminar duro, lleno de lágrimas porque se llora. Se llora ante Dios y se llora por las almas. Han sido largos días en el estudio de la Palabra, de ayuno y oración ante el Señor, buscando su guía, pidiendo y clamando por las almas. Ha habido momentos en que me he sentido triste, me*

he enfermado, me he sentido débil y sin deseos de seguir. Me han humillado, calumniado, han dicho cuántas cosas de mí. Pero siempre me he refugiado en el Señor. Él ha sido mi Roca Fuerte y Alto Refugio, mi Consolador, mi Maestro y Mentor. Lo amo más que a mi vida».

CAPÍTULO 2

INCURSIÓN ENTRE LAS MULTITUDES

«Les dijo: Vayan por todo el mundo y anuncien las buenas nuevas a toda criatura».
—Mateo 16:15

Cuando Yiye era niño le gustaba cazar en el campo y nunca olvidó unas experiencias que tuvo en repetidas ocasiones. Percibía que había una persona que estaba detrás de él y ese sentir lo hacía inmovilizarse. Miraba hacia atrás y no veía a nadie, lo que le causaba escalofríos. Cuando se convirtió al evangelio pudo comprender ese tipo de experiencia porque se lo preguntó al Señor. Siempre es importante preguntar lo que no podemos comprender del mundo espiritual. El Señor fue tratando con Yiye para que conociera cada vez más sobre sus misterios. El Espíritu Santo le dijo: *«son ángeles que siempre te cuidaron en la niñez»*. La Biblia dice:

«Porque él ordenará que sus ángeles
     te cuiden en todos tus caminos.
Con sus propias manos te levantarán
     para que no tropieces con piedra alguna».
—Salmos 91:11-12

No solo lo cuidaron en la niñez, sino a lo largo de su vida. Ya adulto, en una ocasión iba transitando en su automóvil por una carretera de Puerto Rico. Eran como las siete de la noche y Yiye se quedó dormido manejando. Cuando pasaron unos 15 a 20 minutos despertó y quedó totalmente asombrado al percatarse que el auto iba como si el mejor conductor del mundo lo estuviera controlando y por la parte de abajo del auto salían destellos de luz. Cuando le preguntó al Señor qué había pasado, Él le dijo que un demonio específico lo había dormido con la intención de matarlo, pero que un ángel guió por él; ese mismo ángel que siempre lo cuidó desde su infancia.

El cuidado de Dios siempre estuvo presente, a pesar de que sus padres no eran convertidos y nunca escuchó en su hogar de origen nada sobre Jesucristo. Eran unas personas muy buenas y muy amadas por todos en su comunidad, pero no hablaban nada de Biblia. Cuando Yiye despertó a la realidad de Cristo, tuvo un impacto en sus padres. Cuando ellos fallecieron, estaban saturados del Espíritu Santo.

La mirada de Yiye era muy peculiar. Se dice que «los ojos son el espejo del alma». Estaban siempre llenos de gracia y libres de rencor. Con el mismo amor que destilaba su mirada era con el que, luego de convertirse, tocaba puerta por puerta en las casas de su pueblo Camuy para evangelizar a las personas. No solo visitaba a desconocidos, sino también a familiares y amigos. Lo imagino con su amplia sonrisa hablando de tú a tú con las personas sobre el poderoso y a la vez dulce amor de Jesús.

Nunca iba con las manos vacías ante aquellos dolientes del cuerpo y del alma. Cargaba con Biblias y tratados que obsequiaba. El mensaje del evangelio de nuestro Señor Jesucristo fue su pasión desde el momento en que se convirtió. Entraba también a los hospitales a orar por los enfermos y allí ocurrían grandes portentos. La sanidad divina fue una manifestación constante desde sus comienzos ministeriales hasta sus postreros días.

Tuvo una experiencia en la que un personaje vestido de blanco que calzaba unas finas sandalias lo sostuvo y lo cargó en los brazos como un niño recién nacido. Lo puso en la cama y se fue por el pasillo de su casa. Era la persona de Cristo Jesús confirmándole que era de Él y que tenía que llevar su mensaje hasta los confines de la Tierra. Yiye bañado en lágrimas le dijo: *«Haz lo que quieras conmigo»*.

A pesar de llevar poco tiempo de convertido, Yiye tenía una relación personal con el Señor. Era una relación profunda. Una relación de amistad. Una relación directa. De obtener dirección a través del Espíritu Santo. Como de Padre a hijo. De Hermano a hermano.

Con el transcurrir del tiempo comenzó a recibir invitaciones de distintas iglesias para predicar contando su testimonio. Anunciaban que el que había ganado títulos de fisiculturismo estaría en la iglesia predicando, lo que llamaba grandemente la atención y muchas personas llegaban a escucharle por curiosidad. Lo glorioso era que allí se encontraban con el mensaje de amor más sublime de la historia; el que no tiene que ver con premios de la Tierra, sino con galardones en el Cielo.

A donde iba a predicar, el Señor se manifestaba poderosamente porque eso es lo que ocurre cuando un ministerio está avalado por el Espíritu Santo. Yiye narra en forma muy jocosa la ocasión en que un pastor le solicitó que predicara por siete días corridos. Le dijo al Señor: «*El primer día voy a contar mi testimonio, ¿y después de qué predico?*». Dios lo fue dirigiendo en todo y lo mejor era que los frutos en la manifestación de su poder eran la evidencia de que el Señor estaba con él.

Como este evangelio es para valientes, se lanzó en un acto total de fe a realizar su primera campaña de siete días en la que ocurrieron maravillas poderosas. Ninguno de los presentes podía negar que era la misma gloria de Dios la que se manifestaba.

Cuando llevaba como un año de convertido tuvo su primer viaje misionero a la República Dominicana, dado a que el mismo Señor le había revelado que debía ir a Santo

Domingo. Un pastor de Puerto Rico lo llevó y todo le fue costeado. Estuvo 45 días por todo el país. Cientos de almas aceptaban a Jesús como su Salvador y se manifestaba un avivamiento sin precedentes.

UNA INVITACIÓN INCREÍBLEMENTE OPORTUNA

Pocos días después de regresar de Santo Domingo, Yiye tuvo una visión en la que se le presentó el mapa de los Estados Unidos y se veía predicando en distintas ciudades. Le mostraban en visión estadios llenos a capacidad y cómo la gente se salvaba, sanaba y eran libertados de demonios. Yiye le pedía dirección al Señor de cuándo era el tiempo específico para visitar ese país. En esos días recibió una llamada telefónica para ir a Lancaster, Pennsylvania, a predicar en una pequeña iglesia.

Justamente en los días en los que estoy escribiendo sobre esto, en esas cosas que el Señor hace que parecen increíbles y que superan la trama de cualquier película o telenovela, llegué de invitada a predicar exactamente a esa iglesia sin tener la más mínima idea de a donde el Señor me estaba llevando.

Esa madrugada cuando me subí al avión de camino hacia Lancaster jamás me imaginé que el Señor me llevaba a la iglesia desde donde germinó el ministerio de Yiye Ávila hacia Hispanoamérica y desde donde se desató un poderoso avivamiento. La nuera de los pastores, Ivelisse, fue a buscarme al aeropuerto. En la tarde llegué a la casa de los pastores, unos viejitos llenos de dulzura y amor. Sus canas hablaban de sacrificios y sus arrugas de entrega a la obra del Señor.

Estaba disfrutando de un plato puertorriqueño exquisito que había preparado la Pastora Mercedes González. Fue evidente el ingrediente del amor en aquel banquete. De pronto, el Pastor Juan González, actual pastor de la Iglesia El Buen Pastor, ya a punto yo de salir de la casa para ir al hotel me dice: «*Hermana, esta fue la primera iglesia en la que Yiye predicó en los Estados Unidos*».

Abrí los ojos bien grandes y pensé una vez más en cómo el Señor ha sido el capitán de la barca en la travesía de este bendito libro. Me ha dirigido en todo, tomándome de la mano, mostrándome la ruta y entregándome cada información que en su voluntad quería que fuera revelada en estas páginas, y más aún, me había llevado al escenario de los acontecimientos más trascendentales de aquellos días.

Dios había planeado mucho más para mí y para este libro. Era como si Él fuera desarrollando su agenda poco a poco, creando una expectación que me llevaba a pensar qué sería lo próximo. No solamente me llevó a esa iglesia, sino que tuve la oportunidad de hablar con el Pastor Artemio de Jesús, de 77 años, quien invitó a Yiye a predicar en los Estados Unidos por primera vez. Durante nuestra conversación, varias veces tuvimos que detenernos porque la manifestación del Espíritu Santo era muy fuerte. Al pastor se le salían las lágrimas, estuvo muy compungido y me decía que estaba experimentando corrientes que salían desde su cabeza hacia todo su cuerpo.

Me contó que cerca del verano de 1969 escuchó a un pastor hablar de Yiye Ávila por los portentos que estaban ocurriendo en Puerto Rico y ese nombre no se le salía de la cabeza ni de día, ni de noche. Sentía un fuego interno que lo movía a invitarlo y a llamarlo por teléfono. Pudo hablar con Yiye telefónicamente y decirle: «*Lo estamos esperando. Dios nos reveló que usted debe venir a los Estados Unidos a predicar*». De inmediato hubo un sentir tan poderoso del Espíritu Santo que Yiye le dijo que aceptaba la invitación porque era la confirmación de que Dios le estaba abriendo la puerta para ir a predicar allá, como ya el Señor le había revelado.

Nunca el Pastor Artemio de Jesús había visto a Yiye. En su imaginación, lo había visualizado como un hombre bien alto en estatura correspondiente a su estruendosa voz. Tenía unos discos de vinilo (LP) de predicaciones de Yiye que había estado escuchando, y lo que percibía en su espíritu a través de esas ministraciones era algo tan fuerte que lo conmueve hasta el día de hoy.

Cuando el Pastor Artemio de Jesús fue a buscar a Yiye al aeropuerto le sorprendió que fuera un hombre pequeño, al que reconoció de inmediato por revelación del Señor. Ese hombre pequeño en estatura emanaba la grandeza del poder de Dios. Su estatura no era física, sino espiritual. Se acercó y le dijo «*Hermano Yiye*», y se fundieron en un abrazo que marcaba el comienzo de un plan sobrenatural para Estados Unidos y sobre todo el continente americano.

El pastor lo hospedó en su casa. Le prepararon una habitación y Yiye lo despertaba a las cuatro de la madrugada para orar. Así fue todas las noches que Yiye estuvo en su casa. Independientemente de la hora a la que se habían acostado la noche anterior, la oración de madrugada era sagrada. El Pastor Artemio recuerda cómo en una de esas intercesiones, el Espíritu Santo comenzó a darle una revelación a Yiye y como no había una libreta cerca, tomó un pedazo de cartón y comenzó a escribir lo que el Señor le estaba revelando. ¿Eres de las personas que escribe lo que el Señor te revela?

En esos días en los que Yiye estuvo en Lancaster se manifestaron milagros sobre milagros. Uno de esos milagros fue sobre la vida de Moisés, el hijo del pastor, quien era un niño enfermo. Fue curado y hasta hoy es una persona que disfruta de total salud. Tuve la bendición también de conocerlo y fue una belleza verlo con la sensibilidad que recuerda sus experiencias con Yiye siendo niño.

La Iglesia El Buen Pastor era una iglesia como de 40 miembros. Yiye les predicaba sobre los dones del Espíritu Santo y una de las que recibió el bautismo fue la esposa del Pastor, Nereida de Jesús. Ella danzaba en una forma muy hermosa y no paraba de hablar en lenguas. También les predicó sobre el bautismo en aguas y ellos no lo hacían de esa forma. El Pastor se inquietó y le dijo: «Usted nos debe bautizar a mi esposa y a mí». Fueron al Río Pequea. El río estaba helado. Yiye hizo una oración por la temperatura de esas aguas y cuando metió el pie, el agua estaba caliente. Fueron una segunda vez al río a hacer más bautismos y Dios volvió a calentar el agua. Esto no es una leyenda, es una realidad con testigos. Dios me permitió conocerlos y escucharlos de primera mano.

En los días que estuve allá en Lancaster, mi sobrina Rubí, que vive en Virginia, viajó junto a su esposo Juan Gabriel para encontrarnos en Pennsylvania y crear memorias. Les pedí que me llevaran al Río Pequea, el lugar donde Yiye llevó a los convertidos a bautizarse en las aguas y terminaron siendo bautizados también con el Espíritu Santo. Estábamos buscando los mejores ángulos para tomar fotos. Ellos con mucho amor me estaban ayudando. El cielo estaba gris y fuimos testigos de que cuando tomamos las fotos, solo sobre nosotros, apareció un radiante e intenso cielo azul. Yo estaba maravillada con el lugar y miraba las aguas del río recreando en mi mente ese extraordinario momento de septiembre de 1969 en el que se hicieron realidad las palabras de Juan El Bautista:

«*Yo los bautizo a ustedes con agua para que se arrepientan. Pero el que viene después de mí es más poderoso que yo, y ni siquiera merezco llevarle las sandalias. Él los bautizará con Espíritu Santo y fuego*».

—Mateo 3:11

CAPÍTULO 3

DE GLORIA EN GLORIA

«Así, todos nosotros, que con el rostro descubierto reflejamos[a] como en un espejo la gloria del Señor, somos transformados a su semejanza con más y más gloria por la acción del Señor, que es el Espíritu».
—2 Corintios 3:18

Yiye regresó a Puerto Rico y su ministerio fue en progreso ascendente con un mismo mensaje, pero cada vez con mayores manifestaciones de gloria. La consagración y la santidad se mantienen por la obediencia y generan un crecimiento constante. Yiye decía: *«Si usted quiere ministerio tiene que pagar un precio».*

Hizo un ayuno de 41 días. Desde el interior del sótano donde hizo todos estos días de ayuno y oración, se oían ángeles. Tuvo su primera campaña evangelística masiva en el área de Levittown, Toa Baja, Puerto Rico. Miles de almas aceptaron a Jesucristo como su salvador. Esta campaña tuvo una duración de catorce días. El poder de Dios manifestado en ese lugar fue uno sin precedentes.

La segunda campaña fue en Bayamón, Puerto Rico. Luego en Santo Domingo, República Dominicana. En las primeras tres campañas luego de este ayuno se convirtieron más de 10,000 personas. La gente bajaba de las gradas compungida, decidida, impactada y en ocasiones, por la fuerza del mensaje, muy arrepentida.

Visitó casi todos los países de América Latina, muchas ciudades de América del Norte y partes de Europa. Los milagros eran y son resultado de la consagración a Dios, la conexión con Dios y la dependencia en Dios. ¿Cómo no va a haber conversiones y milagros, si se está conectado con la fuente? ¡Por supuesto que la fuente va a fluir! No es producto del esfuerzo humano, sino del poder de Dios.

El Señor usa a personas valientes e intrépidas. ¡Yiye era punta de lanza! Inmediatamente que tomaba el micrófono en las plataformas frente a miles de personas y vertía las palabras: *«¡Bendito sea Dios! ¡Alabado sea Dios!»*, había una conexión espiritual inmediata que no solo se manifestaba en él, sino a través de él, impactando a los que estaban presentes. En ocasiones, no tuvo adoradores que cantaran antes de que predicara para «preparar la atmósfera». Era un acceso directo al mundo espiritual, todo como resultado de su gran pasión: estar de rodillas.

> *Los milagros eran y son resultado de la consagración a Dios, la conexión con Dios y la dependencia en Dios.*

El cantante puertorriqueño de música sacra, René González, acompañó a Yiye a distintos eventos tanto en Puerto Rico como en el extranjero. En una de las campañas mientras Yiye predicaba, vio cómo se fue enderezando el cuerpo de un hombre que estaba totalmente encorvado. «¡Era maravilloso ver la alegría que le provocaba la manifestación de los milagros a Yiye!», comentó.

Una de las cosas que más le llamaba la atención a René era que, aunque Yiye tenía gente que le ayudaba y le servía, no tenía guardaespaldas. No le gustaba nada de eso. Se allegaba a la gente con amor y compasión. Permitía y disfrutaba el que la gente se le acercara. ¡Los saludaba y los abrazaba! El evangelista hispano más grande era accesible al pueblo; eso es ser imitador de Jesús.

Su vida no estaba vinculada a lo material. Su vestir siempre fue humilde y sencillo; de su simpleza emanaba la luz. Me dijo Alberto Motessi que en una ocasión tuvieron que convencerlo para comprarle un nuevo vehículo porque deseaba permanecer con uno viejo.

Yiye no se dejó corromper por el éxito. Su ministerio fue ascendente, pero su corazón estaba intacto. Tenía conocimiento sobreabundante sobre la gracia, no solo por estudios teológicos, sino por experiencias, y esto lo manifestaba hacia todas las personas que le rodeaban. Cuando tenemos intimidad con el Señor, eso se manifiesta en nuestras relaciones interpersonales. Cómo tratamos a las personas es reflejo directo de la calidad de nuestra vida devocional.

Fue muy especial con las personas y mucho más cuando tenía que ver con la causa de Cristo. En palabras de Alberto Motessi: «*Yiye fue un hombre que honró a Dios con todo su corazón. Me emociona recordarlo porque fue un hombre sin ambigüedades. Fue alguien que al encontrarse con Cristo quemó todas las naves a sus espaldas, quemó el muelle detrás de él, con la única intención de honrar a Jesús*».

Movimientos de mucha preparación teológica admiraban y respetaban a Yiye por las características en su ser. No se metía en temas controversiales. Nadie podía negar los dones que tenía porque eran miles los testimonios.

En el estadio Hiram Bithorn en San Juan, Puerto Rico, en los Encuentros de Juventud, ocurrían gloriosos derramamientos del Espíritu Santo. Nadie podía quedarse sentado, eran manifestaciones impresionantes. En ocasiones era como una ola que se daba de izquierda a derecha. Hasta los más escépticos quedaban tocados.

Son muchos los testimonios de que los ángeles estaban presentes en las campañas y donde ministraba, no solo en las plataformas o en los altares. También estaban posicionados en las gradas o donde estaban las personas que asistían sedientos de escuchar la Palabra de Dios y experimentar las manifestaciones de Su poder.

AMOR Y RESPETO POR LA PASTORAL

Aun cuando no tenía idea de a dónde Dios lo llevaría, su hogar fue hospedaje de pastores y evangelistas. Recibía en su casa a los ungidos del Señor. Hizo una siembra muy poderosa con esto, y como de todo lo que sembramos obtenemos una cosecha (ver Gálatas 6:7), más adelante en su vida fue recibido con honra en las casas de los hermanos en la fe y de ministros a través de toda Latinoamérica.

Yiye también buscaba el ambiente de oración con sus compañeros pastores. No había luchas de egos ni competencias. Cuando tenía de frente a un ministro del Señor, le solicitaba la oración y se arrodillaba en el acto. Tenía la sabiduría para reconocer a la pastoral en su visión, pues las vidas convertidas a través de su ministerio se integrarían a las iglesias. Él reconocía que necesitaba a los pastores y sus iglesias para el seguimiento de las vidas. Laboraba en equipo con ellos en una manera extremadamente efectiva. Una de las muchas manifestaciones de la virtud de la humildad que poseía era que se dejaba aconsejar por pastores mayores y que en ese momento tenían más experiencia que él.

¿De quién nos rodeamos? ¿Quién nos aconseja? ¿A quién acudimos para buscar dirección e instrucción? Esta puede ser la diferencia entre un ministerio ascendente o uno que se destruya. Hay que asociarse con personas maduras espiritualmente que cuiden nuestra alma, que nos inspiren en la fe y que nos cubran en oración. Veamos uno consejos bíblicos sobre esto:

«Donde no hay buen consejo, el pueblo cae,
pero en la abundancia de consejeros está la victoria».
—Proverbios 11:14 (LBLA)

«El camino del necio es recto a sus propios ojos,
mas el que escucha consejos es sabio».
—Proverbios 12:15 (LBLA)

La pastoral también lo buscaba para la consejería. Se cuenta que cuando le llevaban pastores que estaban sufriendo porque habían «caído en pecado», la intervención que hacía con ellos no era de acusación ni de juicio, sino una cargada de compasión. En ocasiones, en lugar de ser Yiye quien les imponía las manos para orar por ellos, era él quien asumía una posición de humillación. Imagínate tú ser un pastor que ha cometido adulterio y que Yiye se coloque frente a ti, se arrodille y te diga: «*¿Puedes orar por mí?*». Era una forma de experimentar el mismísimo amor y la misericordia de Jesús.

LOS MEDIOS DE COMUNICACIÓN PARA EXPANDIR EL EVANGELIO

La sinceridad y la honestidad eran valores muy importantes para Yiye. Consideraba que la falta de estos valores es lo que ha hecho que muchos ministerios se hayan destruido y que no pudieran ser los vehículos para expandir el mensaje de Nuestro Señor Jesús. Decía: «*Han sucedido muchas cosas en las que la gente ha perdido la confianza en los ministerios. Les hemos tenido que demostrar a las personas que hemos cumplido lo que hemos prometido*».

El reconocido periodista puertorriqueño, Luis Francisco Ojeda, quien se caracterizaba por ser incisivo, destacaba con respeto a la persona de Yiye Ávila. Dijo en varias ocasiones que Yiye era un *«ser genuino, real y de testimonio»*. Hablaba de él muy bien, lo que no era común porque su estilo era de fiscalizador. Esto nos lleva a reflexionar la importancia de darle testimonio tanto a los de nuestro círculo cristiano como a los de afuera. A Yiye nunca se le pudo señalar algo indebido a lo largo de su ministerio.

Radio

La forma en que comenzó la expansión a través de los medios fue bastante primitiva. Inicialmente, pagaba un programa de radio en una estación secular. Lo que Yiye logró en expansión a través de los medios de comunicación fueron puros actos de la majestad de Dios. Personas que se interesaban porque el mensaje del evangelio fuera escuchado a través del ministerio de Yiye Ávila fueron colaboradores económicos. El hecho de que Yiye no estuviera enfermo de grandeza fue crucial para la expansión de su ministerio.

Revista

En el año 1972 tenía una pequeña oficina en el sótano de su casa donde hacía los ayunos y tenía una maquinilla. Los sonidos de las teclas se oían en la calle: ¡tac, tac, tac! Comenzó con una revista a manuscrito que luego se pasó a maquinilla y se llevaba a una imprenta. Ahí se publicaban testimonios de salvación y de sanidades físicas. Se resumían los portentos ocurridos en las campañas. La distribución se hacía enviándola por correo. Gloria Velázquez fue su fiel secretaria por muchos años. Ella vivió el desarrollo del ministerio y fue testigo de primera mano sobre cómo Dios fue transformando y haciendo crecer un ministerio que le pertenece a Él.

Yiye maximizó los recursos que había en su tiempo. Fue un gran visionario. Dios no le negó nada. Su petición ante el Señor era tener mucho para ganar más almas para el cumplimiento de la gran comisión.

Libros

Fue un extraordinario escritor y manifestó esas habilidades en la redacción de su revista. Luego, comenzó a escribir libros. Es importante dejar legados a través de los libros porque es una forma de llegar a más de una generación. Los libros llegan a donde el autor no llega, pero llegan su esencia y su mensaje. El discurso hablado lo escuchan y lo disfrutan las personas que están presencialmente o a través de la tecnología, mientras que la vía literaria es la que llega más lejos.

Las obras literarias de Yiye aún son buscadas y generan gran edificación en sus lectores. Parte de su esencia y la revelación de su carácter han quedado en esos libros, donde se ha conservado y se ha transmitido su espiritualidad, sus experiencias, el conocimiento bíblico y su fe. Él tenía historias, anécdotas, testimonios poderosos para compartir y es una verdadera bendición que haya quedado plasmado en sus libros. ¡Son un legado para el mundo!

Suelen ser libros escritos de una manera sencilla y a la vez transmiten unción y poder. En sus obras, Yiye solía fusionar las Sagradas Escrituras con testimonios muy poderosos de sus experiencias personales y de lo que vivió a nivel ministerial. Entre los temas que destacó están la oración, el ayuno, la santidad, la sanidad divina, el rapto y la segunda venida de Cristo.

Expansión por radio y televisión

Yiye comienza a expandirse a través de la radio y la televisión. Otros ministerios habían hecho ese esfuerzo, pero con Yiye los medios cobraron una dimensión nueva porque las masas lo seguían con fuerza. Su evangelismo en radio y televisión le dio la sistematización porque era escuchado y visto semanalmente, hasta que llegó a alcanzar su audiencia a diario.

El Señor constantemente le hablaba de que tendría un canal de televisión. Cuando comenzó en televisión no sabía bien ni a qué cámara mirar, pero se esforzaba porque su pasión eran las almas. En un tiempo decía que la televisión era «la caja del diablo». Defendió que la televisión era una fuente de destrucción, pero descubrió con el tiempo que cualquier tecnología o instrumento en las manos de Dios puede bendecir a la gente.

Muchas personas conocieron a Yiye Ávila a través de la radio y la televisión, pero, sobre todo, conocieron al Señor. Él cuenta que en ocasiones lo detenían en la calle, le decían que lo veían en los medios y lo primero que él les preguntaba era si se habían convertido a Cristo.

En las campañas televisadas que realizaba todos los sábados se le pedía a una iglesia diferente que se encargara del devocional. En una ocasión uno de los pastores de aquellas iglesias colaboradoras fue a ver a Yiye. Cuando Yiye lo vio, le agradeció por su colaboración. El Pastor le dijo que había sido convertido gracias a uno de sus programas. Son muchos los pastores y ministros de hoy día, que conocieron a Jesús a través del ministerio de Yiye.

Puede ser que tú mismo seas una de esas personas, o que tu familia le sirve al Señor porque alguien de quien eres descendiente tuvo un encuentro con Jesucristo por el plan de salvación expuesto por Yiye. Son muchas las generaciones impactadas. Familias enteras de ministros en diferentes campos como el pastoreado, evangelismo, misiones, enseñanza de la Palabra de Dios, ministerio de adoración y otros son resultado de este extraordinario ser humano con una fe inquebrantable. Me encantó escucharlo decir en la entrevista para Casa Creación:

> *«Cuando transmitimos los cultos por satélite en vivo y vemos la gente convertirse en diferentes partes del mundo como en Costa Rica, Nicaragua, México, Estados Unidos y en países bien lejanos a Puerto Rico, uno se queda atónito. Miro hacia atrás y jamás lo hubiera pensado. Los proyectos más grandes que tenemos valen millones de dólares. Yo no los tengo, pero Dios sí los tiene. Estoy tranquilo porque si Dios me llamó es porque Él va a pagar el dinero porque sabe que yo no lo tengo».*

La fe abre puertas inimaginables. Es una fuerza que nos hace saber que todo estará bien porque nos genera la convicción de que Dios está en control. Los frutos de la fe en acción que tuvo Yiye nos alcanzan hasta el día de hoy. Caminó tras las huellas del tiempo sin rendirse. ¿Qué tal si le imitamos? No desistamos en nuestras luchas, pues al final la victoria es nuestra. La fe es dar cada paso en perfecta unión con Dios.

CAPÍTULO 4

«SEÑALADO» PARA MANIFESTAR MILAGROS Y PRODIGIOS

«Por lo tanto hermanos, esfuércense más todavía por asegurarse del llamado de Dios, que fue quien los eligió. Si hacen estas cosas, no caerán jamás».
—2 Pedro 1:10

«Si Dios no obra, no me hubiera convertido nunca», dice entre carcajadas Yiye Ávila al comenzar a narrar el proceso de su conversión, que les narré en el capítulo anterior. Con sus logros en el deporte se sentía muy feliz y anhelaba seguir adelante en este campo. Dejó la carrera magisterial para responder al llamado de Dios y predicar el mensaje de salvación, sin nunca pensar en volver atrás. Por el contrario, cada vez pedía más unción y autoridad, aun por encima y más allá de las pruebas y luchas que tuvo que atravesar.

Recuerda con claridad la noche que hizo profesión de fe públicamente. Había estado dando una exhibición de levantamiento de pesas, pero sentía gran inquietud por llegar a la Iglesia Defensores de la Fe del barrio Montebello en Manatí, Puerto Rico. Cuando entró al templo se sentó en uno de los bancos de atrás. Cuando el predicador hizo el llamado, nadando entre lágrimas entregó su vida públicamente a Cristo. Nunca negoció su fe, ni su fidelidad a Cristo. Tuvo un apego incondicional al estudio de las Escrituras. Oró profusa y abundantemente. Ayunó con intensidad.

Los años 70 y 80 eran días convulsos y tempestuosos en la sociedad puertorriqueña. Se marcó una crisis moral. Aumentó el consumo de alcohol y drogas en la sociedad. Yiye tenía plena convicción de que lo único que detendría la depravación y la inmoralidad sería un avivamiento. Solo el poder de Dios tiene la efectividad para una transformación social.

Por otro lado, eran días de gloria en el surgimiento y desarrollo de ministerios cristianos. La gran barca del cristianismo izaba sus astas y enarbolaba sus banderas en las maneras más altas y gloriosas de que haya sido testigo jamás la historia cristiana. Latinoamérica recibía el influjo del poder de Dios.

Además de Yiye, hubo otros ministros que se levantaron a realizar obras extraordinarias en diferentes áreas. Yiye fue muy estimado y respetado por sus compañeros ministros. Cuando los líderes ministeriales se unen suceden cosas maravillosas en las naciones. Puerto Rico, «la Isla del Cordero», ha sido cuna de profetas y una punta de lanza del evangelio al mundo. En palabras del historiador Mario Ramos:

«Trabajan como polilla, sin hacer ruido, pero con efectividad y resultados. Reciben ataques y golpes de todos los frentes y nada los detiene ni amilana. Tienen periódicos, revistas, emisoras de radio y televisión, que mantienen a pulmón… A los ministros puertorriqueños no los detiene ningún recodo en el camino. Se han metido, no solo en las ciudades, también en la selva amazónica, donde se han reunido y vivido con los indios, dándose a la tarea hasta de aprender su lengua nativa para una mejor comunicación. Yiye Ávila fue un pionero y líder indiscutible en este tipo de labor».

JESÚS SE LE APARECE

Una de las gracias sin precio que el Señor concedió en aquella época de declive acelerado fue una brillante luz del Señor que no sucumbió a las presiones de sus días. Fue Yiye, a quien el Señor visitó en dos ocasiones y tocándolo por la espalda con su dedo en posición de señal, le dijo: *«Eres señalado»*. Cuando Dios señala a alguien para un propósito especifico y sobrenatural, nada ni nadie puede detenerlo.

Yiye Ávila fue un incansable y laborioso obrero de Cristo. A nadie le debe quedar la menor duda de que era un hombre muy competente, esforzado y sumamente trabajador. Siempre le demostró al Señor que nada de lo que hacía para su obra era por interés económico, sino porque lo amaba.

> *Cuando Dios señala a alguien para un propósito especifico y sobrenatural, nada ni nadie puede detenerlo.*

En 63 ocasiones tuvo experiencias personales con Jesús en las que el Señor espiritual y físicamente tenía tratos personales con él. Al preguntarle cuál fue su experiencia más impactante con Jesús, contestó que fue la primera que tuvo porque fue verdaderamente impresionante estar en su presencia. Jesús se le apareció físicamente y pudo hablar con Él en persona. Esto hizo que Yiye le pidiera intensamente cada vez más experiencias y nuevas vivencias con Él.

Conocer esto nos inspira a procurar experiencias con nuestro Señor con más frecuencia y más profundas. Están disponibles para nosotros también y son infinitas dentro de su voluntad.

La primera experiencia que Yiye tuvo con el Señor fue lo que le llamó «el pelotazo». Yiye narra que cuando empezó a trabajar como maestro en la escuela superior de Camuy, a la misma vez jugaba pelota. Un jugador que ocupaba la posición de «pitcher» le dio un pelotazo en el lado izquierdo de la cabeza, un lugar que es muy delicado en nuestro cuerpo. El lado izquierdo del cerebro controla los movimientos del lado derecho del cuerpo, y un golpe fuerte en esa área podría provocar un daño en las destrezas motoras y la pérdida del habla.

Aun con el golpe siguió jugando como si nada hasta que se terminó el partido. El dolor en ese lado de la cabeza le duró por muchos días y meses después sufría de mareos por causa de ese golpe. Cuando se tocaba ese lado de la cabeza sentía el malestar muy profundamente. Se encerró en una habitación a orar y le dijo al Señor:

«No voy a ir a médicos porque ahora yo te tengo a ti. Ahora me voy a colocar aquí en la cama y me voy a recostar de la pared y te voy a estar esperando para que me vengas a sanar. Yo no me voy a parar de ahí por nada hasta que tú vengas y me sanes. Pasaron las 12 de la noche, la una de la mañana, las dos y las tres. A eso de las cuatro de la mañana, vi cuando se abrió la puerta de la casa, entró alguien y ese alguien empezó a caminar por el pasillo hasta que llegó frente a la puerta de mi cuarto. Sentí que la abrieron, aunque estaba cerrada por dentro. Cuando entró, yo me quedé atónito. Un hombre alto con pelo blanco que le caía en sus hombros, con una túnica blanquita que resplandecía llegó frente a mí. Levantó la mano y me la puso en la sien. Tenía un fuego en la mano, y la molestia instantáneamente

desapareció. Quitó la mano, se me quedó mirando un rato y luego se marchó. Esa fue la primera experiencia, donde pude ver a Jesús tal como Él es».

Antes de esta experiencia Yiye tuvo la percepción de que algo andaba bastante mal en el interior de su cabeza. Pero luego de ese encuentro con Jesús fue al médico para que le hicieran los estudios correspondientes para identificar qué estaba pasando. Los estudios no reflejaron que hubiese algo que estaba mal. ¡Su cabeza estaba en perfecto orden y completamente sana!

LO IMPOSIBLE SE HACE POSIBLE CUANDO PUEDES CREER

El ministerio de Yiye Ávila se caracterizó por dos aspectos fundamentales: la salvación de las almas y la manifestación de las sanidades físicas. Para Yiye la sanidad divina es un regalo muy especial para los que creen. No hay enfermedad que Cristo no pueda sanar, incluyendo enfermedades denominadas «incurables». No hay nada imposible para Dios. La oración de fe sana al enfermo y el Señor lo levanta. Solamente es cuestión de decidir creer y mantenerse firme en la fe. Yiye lo creía y lo ponía en acción, cumpliéndose en su vida la promesa de Jesús:

«Ciertamente les aseguro que el que cree en mí las obras que yo hago también él las hará mayores, porque yo vuelvo al Padre».

—Juan 14:12 (NVI)

En las iglesias y eventos cristianos suele predicarse que Jesús es el mismo ayer, hoy y por todos los siglos. Sin embargo, no suele verse ni conocerse públicamente la misma magnitud en manifestaciones milagrosas del poder de Dios. No se ven actualmente los milagros que sucedían hace veinte años atrás. Al preguntarle a Yiye: ¿A que tú crees que se debe? Respondió:

«Si la gente no cree en los milagros, no hay poder de Dios manifestado. Si no lo buscan, no hay caso. A las cosas de Dios hay que darles una importancia grande. Las iglesias, todas, deben estar orando por los enfermos en todos los cultos. Hoy en día en el pueblo de Dios no se supone que haya tanta gente enferma porque el Señor dijo que el mal no te tocará, y que plaga alguna no tocará tu morada (ver Salmo 91:10). ¿Y qué significa eso? Que no se enfermaría nunca; sin embargo, cada vez veo más enfermos en los estadios. Hace poco le pregunté al Señor por qué hay tanto enfermo dentro de las iglesias y el Señor me contestó: "Porque no creen". Cuando el diablo viene y les pone un dolorcito, no tienen nada; es mentira del diablo para engañarlos; lo que hay que hacer es reprenderlo. Jesús dijo "yo soy el que sana todas tus enfermedades". Hay que enseñarle al pueblo esta verdad tan sencilla. Cuando venga un síntoma hay que darle espiritualmente con todo. El diablo es el padre de toda mentira y cada vez se pondrá más embustero. La fuerza está en nosotros por quien está en nosotros».

Las personas eran liberadas de enfermedades en las campañas de Yiye. Hay quienes, al tener la experiencia de ver manifestado el poder de Dios en forma sobrenatural, entran en convicción de un Dios real. Yiye identificaba que había personas que necesitaban ver milagros para creer. En sus propias palabras: lo dijo de la siguiente forma:

> *«La obra aquí abajo es cada vez más decisiva. Por eso oro por los enfermos para que el Señor haga milagros. Tomás, siendo apóstol, hasta que no vio no creyó, imagínense qué uno va a esperar de la gente».*

Fueron muchos los milagros que se manifestaron. Cuando Yiye llegaba a los lugares de campañas y veía a los enfermos sentía compasión por ellos, y oraba para que el Señor honrara su fe. Los ciegos recibían la vista, los mudos hablaban, los tumores desaparecían, piernas y otras extremidades del cuerpo crecían, paralíticos se levantaban de las sillas de ruedas. Se sanaban personas con asma, todo tipo de cáncer, SIDA, tuberculosis, artritis, diabetes, epilepsia, y de otras enfermedades.

Los pies planos hacían la curvatura delante de los ojos de todos. Muchas personas dieron testimonio de que luego de haber asistido a una campaña de Yiye nunca más sufrieron de depresión o insomnio. Miles fueron libertados de la adicción a drogas. Era impresionante cómo llevaban a personas en ambulancias y las bajaban en camillas. Esas personas llegaban allí con la expectativa de ser sanadas, y lo grande era que el poder de Jesús se manifestaba y recibían su sanidad.

Fuera de sillas de ruedas

A pesar de que Yiye casi nunca oraba por los enfermos antes de predicar, en una ocasión durante una campaña en Buenos Aires a la que se dieron cita unas 80,000 personas, había alrededor de 40 paralíticos en sus sillas de ruedas. Entonces lo primero que hizo Yiye al llegar a la tarima fue que les pidió que se tomaran de las manos, y con voz de trompeta y bajo la unción de la autoridad del Espíritu Santo dijo: *«Por sus llagas fuisteis sanados».* En cuanto terminó de pronunciar estas palabras, todos se levantaron de las sillas de ruedas y comenzaron a correr. Esto me lo contó en entrevista el Pastor Benjamín Rivera, quien en muchas ocasiones acompañó a Yiye en las campañas.

Fulminada por su propia maldición

También me narró que, en Chicago, Estados Unidos, una mujer comenzó a maldecir a Yiye frente a la tarima. Los ujieres la iban a sacar. Yiye dijo: *«No la toquen».* De pronto, todos los que estaban allí comenzaron a observar que los cielos se pusieron negros y todo parecía tener un aspecto como de tormenta. Unos tres minutos más tarde cayó un rayo que hizo que la mujer que maldecía a Yiye cayera desplomada al piso. Yiye se tiró de la tarima para orar por ella, pero ya estaba calcinada. Después de esa experiencia los días subsiguientes de campaña se triplicó la asistencia.

Libre de atentados

A Yiye lo amenazaron de muerte varias veces. Sin embargo, él tenía plena convicción de que quien estaba con él, es más grande que el que está en el mundo (ver 1era de

Juan 4:4). Por esto, sin importar las amenazas y hasta atentados, seguía hacia adelante con paz y seguridad. En una ocasión llegó hasta donde él un joven que había apuñalado a su propio padre. La intención era apuñalar a Yiye, se acercó, miró el ambiente y entró a la iglesia que estaba llena de gente. Se filtró entre la multitud que estaba en el lugar. Cuando llegó hasta el altar, le dieron un golpe en la cabeza. La persona del Espíritu Santo lo noqueó.

Al ver la escena, Yiye dejó de predicar y fue corriendo hasta donde el joven estaba. Él le dijo: «yo *vine a matarle a usted, pero me han dado un golpe en la cabeza de arriba hacia abajo que siento que no me puedo mover»*. Entonces Yiye le dijo: «para que tú veas que El que está conmigo es más grande que el tuyo». Le habló de Cristo y el joven se convirtió al Señor. Luego, este joven llevó a esa campaña a toda su familia y todos le entregaron su vida a Jesús.

Logística organizada con ayuda de milagros

Yiye viajó por diferentes partes del mundo haciendo las campañas. Cuando se iban a llevar a cabo campañas en distintos países, enviaba primero a unas personas que iban por las iglesias. Reclutaban a los pastores como líderes y ujieres para los eventos masivos. Hacían un estudio de reconocimiento a ver cómo estaba el ambiente. Los pastores se unían y eran los recursos que Yiye utilizaba para la movilización de personas. En la logística siempre imperó la personalidad estructurada y organizada de Yiye. Algo curioso que ocurría con bastante recurrencia era que, aunque estuviera lloviendo en el lugar, cuando comenzaba la adoración, paraba la lluvia. Una vez finalizada la actividad, comenzaba a llover otra vez.

Poder sanador sobre él mismo

Yiye experimentó el poder del Señor en su propia vida de maneras extraordinarias. Una de esas fue cuando en una ocasión se cayó del tercer piso de las oficinas de su ministerio. Se formó todo un revuelo y había una gran preocupación. Cuando llegaron hasta donde Yiye estaba, lo encontraron riendo a carcajadas. No podía parar de reírse. Les dijo, «*Yo siento que el Señor se está riendo también*». y con más intensidad se reía. Lo grande fue que no le pasó absolutamente nada. Estaba totalmente ileso.

PORTENTOS DE LOS ÚLTIMOS TIEMPOS

Al final de su ministerio, Yiye vio una serie de milagros que no fueron de los que sucedieron en los primeros años, entendiendo que eran los milagros del tiempo del fin. Son milagros que no están registrados en la Biblia que hayan sucedido en los tiempos de Jesús, sino que son unos milagros particulares que sirven como testimonio de que en cualquier momento suena la trompeta, según Yiye.

Platificaciones

De estos milagros, el primero que vio fue el de una jovencita que entró a su oficina, abrió la boca y le dijo lo que el Señor le había hecho en la campaña la noche anterior. ¡Era una muela platificada! Lo lindo era que resplandecía. Yiye le dijo que nunca había visto ese tipo de milagro. Le pidió a la joven que le dijera a su madre que la llevara al dentista para que le examinara la boca, y que regresara y le contara lo que le había dicho el dentista.

El dentista expresó: «*ese material no existe en la tierra*». Cuando la examinó, el dentista le preguntó a la joven qué le había pasado y ella le explicó que el Señor había hecho un milagro. Pocos días después, Dios le puso también una platificación en forma de paloma- la cola, la cabeza- con todas sus formas, llenando una carie. Desde ese momento en adelante siguieron ocurriendo estos milagros en las campañas. Yiye pensaba que estas cosas eran verdaderamente fantásticas.

Reducción y aumento instantáneos de peso

En una campaña en Nueva York, Yiye vio a un hombre obeso bajar el sobrepeso de forma sobrenatural, de manera instantánea. En otra de las campañas vio a un hombre que de momento tuvo que agarrarse los pantalones porque se le soltaban y se le caían. Tuvo que salir corriendo y se fue. ¡Rebajó 63 libras al instante! Dice Yiye: «*Eso yo no lo había visto nunca antes en el ministerio. Después de eso Dios le siguió rebajando el sobrepeso a las personas, pero también comenzó a aumentar el bajo peso*».

En otra ocasión una joven alta se le acercó a Yiye y le dijo que estaba bien delgada. Cuando se hizo la oración por los enfermos sintió algo raro en su cuerpo. ¡De pronto notó que no cabía en la ropa! Fue una sensación como de que la ropa se le iba a romper encima. Casi no podía quitarse la ropa por lo ajustada que le quedaba. Cuando se pesó, había aumentado 20 libras. Yiye destacó: «*No es tanto el peso, sino el milagro; esas cosas nunca las hizo el Señor en su ministerio terrenal ni tampoco los apóstoles, porque era para los últimos días como confirmación de que en cualquier momento nos vamos. Ese es el milagro más grande que yo estoy esperando».*

Al preguntarle a Yiye si alguna vez pensó que el Señor haría a través de su vida todo lo que hizo, respondió:

> *«Bueno, realmente yo no tenía idea de lo que pasaría. Dios me ha ido mostrando las cosas gradualmente. Cuando se pasa una etapa nos muestra la otra. Nunca se me adelanta mucho».*

Todas estas manifestaciones de milagros, portentos y maravillas no se quedaron atrás. Amado lector, yo lo estoy viendo y quiero ver más, mucho más, en este tiempo. ¡Supongo que tú también! Todos debemos ser impulsados, por el ejemplo de Yiye, a tener una fe radical y violenta, y abrir paso por medio de creer en Jesucristo y experimentar nosotros mismos primero, y luego en el mundo, que no existe absolutamente nada imposible para Él.

Nosotros somos soldados, no espectadores. Debemos posicionarnos para asumir carácter y autoridad. Cuando nos sometemos a Dios y obedecemos al Espíritu Santo seremos testigos de lo extraordinario. Ya no mucha gente cree en el Señor por lo que hablamos. Trágicamente, tampoco por el testimonio de muchos cristianos. El mundo necesita ver manifestados los portentos del Señor. Saltemos al rio de lo sobrenatural, sumerjámonos en esas aguas y salpiquemos a todos para que puedan experimentar que Cristo está vivo y tiene poder.

CAPÍTULO 5

EL DOLOR QUE NO TIENE NOMBRE

«... que a los afligidos de Sion se les dé gloria
en lugar de ceniza, óleo de gozo en lugar de luto,
manto de alegría en lugar del espíritu
angustiado; y serán llamados árboles de justicia,
plantío de Jehová, para gloria suya».
—Isaías 61:3

En el orden natural de las cosas se espera que los padres mueran antes que los hijos. Esta es una de las razones por las que la muerte de un hijo tiene tanto impacto y suele generar un alto grado de desolación. La muerte de un hijo es el luto que se queda permanentemente sin resolver. Es una angustia que queda en el interior sin darle un total cierre. Es el dolor emocional y la pérdida que no tiene nombre.

Cuando a un hijo se le muere un padre o madre se le llama huérfano. A quien se le muere el cónyuge se le llama viudo. Inclusive, hasta el dolor que Jesús experimentó en la cruz del Calvario se le han dado ciertos nombres. Sin embargo, al dolor de un padre o una madre que pierde un hijo no se le ha podido poner ningún nombre. Este fue el dolor que experimentó Yiye con dos de sus tres hijas: Carmen Ilia y Noemí. Si trágico es para la vida de alguien experimentarlo una vez, cuán duro y difícil tiene que ser vivirlo dos veces. El mismo Yiye expresó que estas fueron las pruebas más grandes que atravesó en su vida.

Las tres hijas de Yiye Ávila fueron bautizadas con el Espíritu Santo desde niñas. Oraban, hablaban en lenguas y desde muy jóvenes tenían experiencias muy profundas en distintas dimensiones del mundo espiritual. Fueron amadas y bendecidas. Veamos de cerca a las dos hijas cuya pérdida marcó la vida de Yiye.

CARMEN ILIA: UNA HIJA DULCE Y CARIÑOSA

Yiye se sentía muy amado por su hija mayor, Carmen Ilia. Fue de esas hijas que besan y abrazan al padre. A pesar de que vivía en Estados Unidos, Yiye la veía con cierta frecuencia porque cuando viajaba de algún país de Latinoamérica hacia Puerto Rico, la escala de avión era en el aeropuerto de Miami, bastante cerca de donde ella residía.

En una ocasión en que Yiye se quedó a dormir en su casa, se amanecieron una noche entera hablando. Una vez que Yiye tuvo 15 días de campaña, Ilia, como cariñosamente Yiye la llamaba, y su esposo tomaron vacaciones de su trabajo para no perderse ni un solo día de campaña. Yiye veía que estaban buscando a Dios de todo corazón y esto lo hacía muy feliz.

Yiye trabajaba en su oficina luego de haber orado por una hora, cuando le tocaron a la puerta y le dijeron lo que le había ocurrido a su hija. Sintió que él también moría. Le venían las imágenes de cuando ellos estaban sentados en aquellas noches de campaña gozándose y alabando a Dios. Yiye decía *no es posible*. Ante estas situaciones, la primera reacción es la negación, en la que se genera un cierto bloqueo hacia la realidad y se manifiesta una gran incredulidad.

A los minutos le llama un detective de Miami para hacerle unas preguntas. Yiye describe que se le fue la voz y casi no podía contestarle las preguntas hasta que logra terminar la entrevista. Al enganchar, gemía de rodillas con esos gritos que salen del vientre en un llanto muy profundo. Entonces el Señor comenzó a mostrarle los versículos bíblicos de cuando oraba por ella.

«Multiplicaré a tus descendientes como a las estrellas del cielo, y les daré todas esas tierras. Por medio de tu descendencia todas las naciones de la tierra serán bendecidas».

—Génesis 26:4

«En el seno de tu hogar,
    tu esposa será como vid llena de uvas;
alrededor de tu mesa,
    tus hijos serán como vástagos de olivo».

—Salmos 128:3

El Espíritu Santo le repetía los textos bíblicos, una y otra vez. Yiye predicaba que la Palabra de Dios es la que nos puede sanar emocionalmente. En su hora más dura le tocó a él ser consolado con el mensaje siempre vivo y poderoso que está contenido en las Sagradas Escrituras.

La oración fue su recurso ante la pérdida. Dios no falla en cumplir lo que promete. Yiye siempre comenzaba sus oraciones personales presentando a sus hijas. Después de estas fallecer seguía orando mencionando a sus hijas, pero dando gracias porque Jesús las había salvado.

«¡GRACIAS, SEÑOR, ¡PORQUE SALVASTE A MI HIJA!».

En el proceso de duelo el Señor se encargó de darle una serie de experiencias a Yiye que le sirvieron de consuelo en medio de un dolor tan agudo. Tenía la promesa de Dios: «*Yo salvaré a tus hijas*», que es la promesa en la que debemos estar sostenidos todos los padres. Le dijo a Dios: «*no tienes que explicarme nada. Gracias, Señor, porque salvaste a mi hija*». El Espíritu Santo se la mostró vestida de blanco con un rostro de alegría, de gozo. Yiye le dijo al Señor: «*Gracias por mostrármela, lo linda que está*».

Se la llegó a mostrar también acostada en el piso amarrada con unas cadenas, y de momento vio que las cadenas se rompieron, se puso en pie y empezó a subir, y en la medida que subía se reía. Luego, le dio otra visión, *«por la bondad del Señor y por lo lindo que es»*, en la que vio un automóvil que era de gran belleza, que aquí en la tierra no había visto uno así. Cuando se acercó al vehículo y mira hacia el asiento de atrás, quien estaba allí era su hija y le dijo: *«¡Ilia, pero* ¡qué linda tú estás!*»* Yiye entiende que Dios le dio estas experiencias para que supiera que Él cumple sus promesas y no falla.

Luego de haber viajado a Estados Unidos para hacer una serie de trámites, incluyendo transportar el cuerpo de su amada hija fallecida hacia Puerto Rico, Yiye se encerró en un sótano a orar y ayunar. El Señor le da una primera revelación en ese ayuno. Le muestra una cruz que brillaba y le dijo: *«Allí yo di mi vida por ella»*. Dios le dio confirmación de su salvación. Yiye no se la estaba pidiendo porque para él era suficiente creer lo que dice la Palabra de Dios, pero el Señor se las seguía dando.

Otro día, dentro de su ayuno, estaba llorando y el Espíritu Santo le dijo: *«abre la Biblia»* y vio una flecha que señalaba un lugar y decía *«porque para siempre es su misericordia»*. Luego, le enseña nuevamente la cruz, pero el mensaje fue algo diferente: *«Ahí yo pagué el precio por ella»*. ¡Qué poderoso!

Yiye nunca consideró que Dios tuvo la culpa. Todo lo contrario, fue su momento para depender más del Señor. Lo vio más como un plan de Satanás. Por eso destacaba que no podemos odiar, sino todo lo contrario, perdonar.

En un momento dado, le preguntó al Señor por qué su hija tuvo que morir. La respuesta del Señor fue: *«Tenía que morir para que no se quedara en la gran tribulación porque se estaba debilitando espiritualmente y por eso me la llevé... el diablo a quien veía era a ti y no a ella».* Pero destacaba Yiye que cada vez que predicó después de ese acontecimiento, era él quien vencía al diablo, y continuó bendiciendo el Nombre del Señor Jesucristo por siempre.

Con toda lógica, ante el dolor más profundo que un ser humano puede vivir, Yiye pensó que no podría predicar en el funeral de su hija. El Señor lo utilizó de forma poderosa y eficaz, con una fortaleza y un consuelo sobrenatural como solo el Espíritu Santo sabe hacer. Ocho personas aceptaron a Jesucristo y uno de ellos fue su nieto, el hijo mayor de Carmen Ilia.

No canceló su campaña a República Dominicana que estaba programada para pocos días después. Nunca perdió el enfoque de su llamado y mucho menos lo abandonó en medio del sufrimiento. Yiye estaba más que claro de que el mensaje de salvación no podía ser silenciado por nada del mundo y las almas tenían que llegar a los pies de Jesús.

Como suele suceder cuando predicamos con el alma quebrantada, la autoridad y la unción fueron aún mayores. Contaba el testimonio de lo sucedido con su hija con el corazón triturado, pero eso se convertía en una semilla que profundizaba en la vida de los presentes, y se manifestaban los frutos para la gloria de Dios. Sucedieron los portentos sobrenaturales. Las vidas eran consoladas de sus propias pérdidas y aflicciones del alma. Los cuerpos eran sanados milagrosamente. Más de 17,000 vidas se entregaron a Jesús en esos días. Él consideraba a Cristo primero, luchar por la obra de Dios y ver sus victorias. Yiye fue ejemplo de que no se debe dar un paso atrás; independientemente de las circunstancias, hay que seguir creyendo lo que Él nos ha prometido.

¡El Señor está con nosotros! En la Biblia nunca dice que no vamos a sufrir. Al contrario, Jesús dijo que mientras transitemos por este plano llamado «vida terrenal» vamos a pasar por aflicciones, pero debemos mantenernos confiados porque Él ha vencido al mundo (ver Juan 16:33). Aunque sufrimos, hay cientos de promesas en la Biblia que sostienen que en medio del dolor y de los desiertos más crudos de la vida, Él está con nosotros.

NOEMÍ: UN SER ESPECIAL LLENO DE DONES

Noemí, la segunda hija de Yiye, desde niña manifestaba dones espirituales. Desde muy temprana edad predicaba la Palabra de Dios. Como misionera era muy creativa y bondadosa, siempre al pendiente de suplir a las personas más necesitadas. Fungió como pastora, evangelista, maestra de la Biblia, consejera y mucho más. Fue un gran ministro del Señor que le servía con amor y con un alto grado de compromiso. Tuvo la gran bendición del Señor de ser madre de tres hijos.

Ver algunos videos de ella predicando me dejó apreciar el dominio que tenía de las Sagradas Escrituras, las que citaba en sus sermones casi siempre de memoria. Tenía una voz dulce, con perfecta dicción y llena de autoridad. Se identificaba a sí misma como una mujer fuerte. Exhortaba a la iglesia a que estuviera unida en el Espíritu para que fuera eficaz y que el principio de la unidad es el amor.

Fue una verdadera tragedia que con 56 años de edad muriera en un accidente de tránsito en Venezuela. Iba de camino a laborar ministerialmente cuando sucedió el accidente en la carretera de Maturín hacia Añasco. Al lado del cuerpo de Noemí hallaron también muerta a su muy querida perrita, una poodle de nombre Kendy, quien estaba con ella en el viaje. La acompañaba su amiga Etilita Martínez de 26 años, quien resultó herida de gravedad.

Yiye ya había sufrido un derrame cerebral cuando recibió la noticia de la muerte de otro de sus tesoros. A pesar del derrame estaba consciente y lúcido. Qué terrible tuvo que ser para este padre volver a escuchar una noticia así. Veinte años más tarde es nuevamente sostenido en forma sobrenatural para ser consolado ante el dolor que no tiene nombre.

En una entrevista, Yiye le comentó al periodista Luis Enrique Falú: «Pocos días antes del accidente [Noemí] me dijo que estaba predicando y que la gente se estaba convirtiendo. "Yo le dije: Tienes que seguir para adelante"». En cuanto a la noticia de la muerte, Falú compartió que Yiye le dijo: «A mí me ha dolido, pero el Señor me habló y me dijo que se la llevaba porque no podía permitir que una muchacha como esa estuviera aquí abajo porque "lo que viene para el mundo es lo más grande, así que me la llevé para el cielo". Yo le dije a Dios: "Tú eres el jefe, si está contigo yo estoy más tranquilo. Ella está allá arriba. Gracias, Dios"».

La recuperación ante la pérdida depende de varios factores y se atraviesan unas etapas. Las fases del proceso de pérdida suelen ser: negación, crisis de fe, ira, tristeza, negociación, aceptación y crecimiento, que es cuando ya se ha transformado nuestra manera de pensar y de sentir. Una de las herramientas más poderosas con las que contamos para poder soportar pérdidas como estas es la esperanza de que volveremos a ver a las personas que amamos y que han fallecido. Ante ambas muertes el Señor se encargó de reforzarle a Yiye que la pérdida sería transitoria porque son salvas y volvería a verlas. ¡Qué gran esperanza de gloria!

Amado lector, si estás atravesando alguna pérdida, me gustaría acompañarte a elevar esta oración:

Espíritu Santo:
Necesito experimentar tu llenura, tu consuelo, tu
fortaleza, tu paz y tu gozo. En tu presencia entrego
todo pensamiento circular que me mantiene en el dolor.
Te entrego toda idea que ronde en mi mente y que
respaldan la experiencia de la soledad, la confusión,
desesperación y el dolor. En tu presencia, los antiguos
patrones de pensamiento, conducta y reacción se
debilitan. En tu presencia todo pensamiento que
trae desánimo, angustia, desequilibrio, frustración
y miedo desaparecen instantáneamente. En tu
presencia, en cada situación y en toda circunstancia,
estoy rodeado de poder, gloria y victoria.
En el Nombre poderoso de Jesús,
Amén

CAPÍTULO 6

PERDONAR EN EL AMOR DE DIOS

«Perdónanos nuestras deudas,
como también nosotros perdonamos
a nuestros deudores».
—Mateo 6:12 (RVR 1960)

¿Perdonarías a la persona que mate a una hija o hijo tuyo? Más allá de perdonarle, ¿irías donde esa persona con actitud bondadosa, misericordiosa y de compasión? ¿Le orarías? ¿Le presentarías con amor el plan de salvación? ¿Intervendrías para que no lo penalicen en la silla eléctrica? ¿Le darías esperanza con la Palabra de Dios? ¿Le declararías que será un ministro de Jesucristo? ¿Te mantendrías en oración por esa persona? ¿Ayunarías? ¿Le enviarías sustento económico a la cárcel? Esto fue lo que hizo Yiye Ávila.

El evangelista Alberto Motessi, quien fuera amigo de Yiye durante muchos años, describió el carácter de Yiye en una forma muy peculiar al recordar estos episodios tan dramáticos en su vida:

> *«Me marcó cuando fue al sur de la Florida a perdonar a su yerno. ¡Ese era Yiye! Un hombre muy especial. Todos los seres humanos son especiales para Dios, pero no todos los seres humanos son especiales para las demás personas. Yiye fue amor para todos en un amor de reconciliación».*

Yiye fue un ejemplo vivo de que es posible esforzarnos en imitar a Jesús en las circunstancias más difíciles, y esto incluye la manifestación del poder del perdón. Rosa Ferrer, cantante cristiana que en muchas ocasiones adoró al Señor antes de que Yiye predicara en las campañas televisivas expresó:

> *«Dio cátedra. Se la dio a muchos. Ahí se cumplió la palabra que predicaba. Ahí podemos ver*

cómo se manifestaba el poder de Dios en él. Tuvo el temple de perdonar e interceder por su yerno. Nunca he visto una persona tan consagrada. Su intimidad con Dios es la que le dio las armas para su día difícil».

En la entrevista que le realizó el periodista puertorriqueño, Luis Enrique Falú, sobre distintas experiencias de su vida, le abordó en el tema del acto de perdonar a su yerno. He aquí la transcripción de esta experiencia que el entrevistador describe como la máxima evidencia del tipo de relación que Yiye tenía con Dios. Veamos:

Falú: «*Mucha gente se pregunta sobre el proceso del perdón que no es algo fácil. ¿Cómo usted pudo perdonar a la persona que le arrebató a una de sus hijas?*»

Yiye: «*Mire hermano, no solamente lo pude perdonar, sino que fui donde él hasta que aceptara al Señor y él aceptó al Señor porque lo de nosotros no es cualquier cosa. Cuando yo fui a donde estaba y la policía lo tenía amarrado, el jefe de la policía se asustó. Pensó que yo había llegado a la cárcel a matar ese hombre*».

Falú: «*A tomar venganza*».

Yiye: «*Yo le dije* (al jefe de la Policía) *yo vengo a hablarle a ese hombre para que se arrepienta. Él me dijo "pero... ¿cómo lo va a hacer usted? ¿ese no fue el que mató a su hija?" Si, es el que mató a mi hija y mi hija está en el cielo. Ya ella está mejor que usted, que yo y que nadie. Entonces el jefe de la Policía me dijo: "vaya y háblele". Cuando yo me le acerqué las lágrimas se las bebía. Yo le dije: "vine hasta aquí para que te arrepientas ahora mismo para que no te vayas al infierno". Se arrepintió y le dije: "¡sigue predicando a Jesucristo!" Pero él no podía creer que yo fui a perdonarlo. ¡Sé que me voy a encontrar allá arriba con él!».*

Estaba sentada con Falú en un restaurante de San Juan cuando me autorizó a utilizar este material y hablábamos de la impresión que tuvo cuando le hizo la entrevista a Yiye. Me dijo:

«...Muchas veces uno escucha sobre el perdón, pero nosotros mismos nos ponemos límites. Parece imperdonable que te quiten una hija, un pedazo de uno. Ahí es donde vemos realmente la relación que Yiye tenía con Dios. Hay que tener una conexión bien grande con el de allá arriba. ¿Cuánta gente puede hacer eso? No de la boca para afuera, sino con hechos. Yo pensé que en ese momento se iba a romper. Sin embargo, estaba lleno de paz. Entonces puedo decir que su prédica no es una vacía. No se puede predicar de perdón si no estamos dispuestos a hacerlo».

Este acto de Yiye fue publicado en la prensa escrita de Puerto Rico y en la de muchos países del mundo. Esto causó un gran impacto en las personas. Un periodista puertorriqueño, columnista en uno de los principales rotativos del país, Mario Ramos, manifestó la experiencia que tuvo cuando leyó la noticia de la hija de Yiye. En una conversación que tuvimos me narró esta memoria:

«Pensé en cuanto como padre debía estar sufriendo. Pero no había considerado su nivel de fe. Fue un gigante en el amor y el perdón. Perdonó a quien le hizo daño. En el perdón es cuando mejor nos parecemos a Dios. Se requiere más fuerza para perdonar que para amar. Lo más grande es que perdonara a su yerno y no solo orara con él, sino por él».

Yiye creía firmemente en los milagros y portentos del Señor. ¡El perdón es una liberación y un poderoso milagro! Cuando nos hacen daño en lo profundo, hacia lo más íntimo de nuestro ser, la reacción inmediata, lógica y hasta la que promueve el mundo es ir contra quien nos lo hizo; pero esta reacción natural y carnal implica permanecer como esclavos ante el dolor emocional y totalmente atados a un estancamiento espiritual.

No solo hizo una oración para que Dios lo ayudara a perdonarlo, sino que oró y ayunó para que su yerno fuera salvo y se arrepintiera. ¡Qué muestra tan grande de una vida llena del Espíritu Santo! Es una evidencia contundente de que el evangelista realmente vivía lo que predicaba. Vivió enseñando que el evangelio es amor y misericordia, y pudo experimentar toda la plenitud de lo que eso significaba, perdonando a quien le había quitado uno de sus más grande tesoros; a la hijita que Yiye identificaba que era la persona en este mundo que más le demostraba amor. A cualquier persona se le asoman lágrimas en los ojos al escuchar a Yiye narrar lo cariñosa que era Carmen Ilia con él. Se percibe cuánto disfrutaba de los mimos de su hija del corazón.

¡El perdón es una liberación y un poderoso milagro!

Con esta experiencia tan traumática, que es para dejar a una persona dañada emocionalmente para siempre, nos dejó una de sus más grandes enseñanzas: «*Si no vivimos el evangelio, ¿para qué predicamos?*». Se escapa de todo razonamiento el hecho de que en el momento más oscuro en la vida de Yiye saliera un acto de compasión, amor y benignidad tan grande. La enseñanza vívida de Jesús nos ha modelado una manera de proceder totalmente diferente y Yiye se esforzó en imitar al Señor conscientemente.

Cuando visualizamos a Jesús en la cruz, sería lógico pensar que en su primera hora allí no podría salir la manifestación de ningún sentimiento que implicara bondad, amor y entrega. Cuando seguramente nadie, al pie de la cruz, tenía la expectativa de que saliera de sus labios palabra alguna, y mucho menos afectiva, el Señor llenó sus pulmones para exclamar:

«Padre, perdónalos porque no saben lo que hacen».
—Lucas 23:34

Este era el texto bíblico que Yiye citaba cuando contaba el testimonio de cuando fue con su esposa Yeya y su hija Noemí a la casa donde había ocurrido la tragedia. En medio de lo que vio, Yiye pedía en su corazón más amor por el yerno. Insistía en su mente en el hecho de que esa persona no sabía lo que había hecho porque nadie en su pleno juicio podía hacer algo así. Esto es la experiencia vivida de lo que Jesús exclamó en la cruz.

> *«Si no vivimos el evangelio,*
> *¿para qué predicamos?».*

Nuestro amado Jesucristo pudo haber dicho todo tipo de improperios y haber lanzado maldición hacia quienes lo habían llevado a la cruz, luego de haberlo lacerado, injuriado y desfigurado. Tenía el poder de ejercer venganza y castigo. Sin embargo, determinó poner en acción la misericordia. Psicológicamente, hubiera sido aceptable que Jesús estuviera viviendo un desorden de estrés postraumático por todo lo que había vivido previo a la crucifixión y que guardara silencio en medio del dolor. Si no fuera porque lo analizamos desde la profundidad de su amor y su alto nivel de entrega, realmente escapa de toda lógica que manifestara palabras de perdón, y más aún, que fueran las primeras que declaró en la cruz. Yiye, quien es un ejemplo a seguir, pudo también manifestar perdón cuando menos la gente se lo esperaba.

¿Cómo Yiye narró su realidad interior ante el perdón y cuál fue el impacto que tuvo en su ministerio? Esto fue lo que le contó a Lydia Morales en entrevista:

> *«Fui a la cárcel y lo visité y le hablé porque como el asunto era tan difícil le dije al Señor: "yo voy a proclamar ayuno y no lo voy a entregar hasta que Tú no me hables ciertas cosas bien claras".*

Y para que me des las fuerzas para yo no fallarte en esto. Me metí en ayuno. Mi clamor era por el esposo de mi hija. Ya yo sabía que ella era salva porque Dios me la había mostrado en la visión, pero ahora quería asegurarme de que él fuera salvo también. Nueve días estuve encerrado orando. Lo vi en una visión bañado en lágrimas, con la cara pegada a la pared arrepentido. Luego de la misión de ir a verlo en la cárcel, me fui a predicar a República Dominicana y allí el Señor me dice que cuente el testimonio, que predicara un mensaje con lo que había sucedido. Yo le dije al Señor: "Si me das las fuerzas lo hago, si no, no voy a poder". Esa fue la primera vez que di el testimonio y se convirtieron más de 2,000 personas. La gente no se imaginaba cómo yo estaba predicando con el corazón desgarrado de dolor. Dios me forzó a predicarlo 10 veces y cada una de esas veces se convirtió muchísima gente. Era un sufrimiento muy fuerte cada vez que lo predicaba y para mi esposa era un tormento. Luego, fue como si eso hubiese sido arrancado de mi corazón».

En el campo de la conducta humana y de las estrategias terapéuticas para la sanidad interior se considera que es muy favorable narrar las experiencias traumáticas una y otra vez. Me resulta muy interesante que el Señor haya guiado a Yiye a llevar a cabo la acción de dar el testimonio en 10 ocasiones, narrando los hechos y su acto de perdonar, lo que provocó que fuera sanando, tal y como distintos estudios científicos comprueban que esto contribuye a alcanzar cierres emocionales efectivos.

EL PERDÓN VERDADERO

Por encima de todo, el acto de perdonar es el más liberador y sanador que podemos vivir. Con alta probabilidad es uno de los estatutos bíblicos más incomprendidos porque es un cambio de conductas destructivas contra el que ha hecho daño, por otras constructivas bañadas de bendición. Perdonar no solamente incluye que cesen las conductas dirigidas contra el ofensor, sino que incluye la realización de conductas positivas. En consecuencia, para perdonar es preciso comprometerse por el propio interés con el pensamiento de querer lo mejor para esa persona, con el propósito de que recapacite y de que no vuelva a hacerle daño a nadie. No siempre esto estará en nuestro control, pero es muy poderoso sembrar esa semilla con la fe de que, en algún momento, brinde frutos.

> *El acto de perdonar es el más liberador y sanador que podemos vivir.*

«El perdón no es para el que quiere darlo, sino para el que puede darlo. No es para el que quiere, sino para el que lo hace», como me dijo el pastor y cantante Ezequiel Colón, quien acompañaba a Yiye en las excursiones a Tierra Santa. A la gente le encanta recibir perdón, pero se le hace muy difícil el darlo. Veo en el acto de Yiye la misma

experiencia de Jesús en Getsemaní cuando tomó una decisión. Le dijo al Padre que pasara de Él esa copa, pero por encima de todo fue obediente.

Perdonar puede ser un proceso muy complicado, más que nada porque tiene que ver con los sentimientos. Este proceso es continuo y se puede ir profundizando y completando a lo largo del tiempo. La acción de perdonar implica que dejas ir los sentimientos negativos hacia alguien. Se abre un espacio para la compasión, consiguiendo así la paz para ser más felices.

> *«El perdón no es para el que quiere darlo,*
> *sino para el que puede darlo.*
> *No es para el que quiere,*
> *sino para el que lo hace».*

No se perdona de la noche a la mañana. Se suele atravesar un proceso de transformación continuo y se viaja por diferentes fases. Si has estado manejando una situación ante la que estás trabajando el perdón, es preciso reconocer que duele y aceptar ese dolor. Hay que comprender que perdonar es un proceso que implica dejar atrás el dolor emocional, la ira y el rencor que se siente hacia la persona que nos ha lastimado. Tal y como Yiye lo hizo, es saludable conectarse con la realidad de que todos somos pecadores, imperfectos y con vulnerabilidad a fallar. Esto nunca se utiliza como justificación, pero sí nos ayuda a entender la vulnerabilidad humana.

El evangelista Hiram Montalvo fue amigo y líder dentro del ministerio de Yiye. ¿Qué fue lo que expresó en cuanto al impacto social y ministerial que tuvo este heroico acto de perdonar? «*Para una persona ser libre y más alguien con la trayectoria de Yiye, perdonar es muy importante. Dio un perdón que no todo el mundo da. Él tenía un espíritu pacificador. Era la cara del pueblo evangélico en Puerto Rico y en Latinoamérica. Lo perdonó, hizo una oración por él para que se convirtiera en un ministro de Jesucristo y no quiso que lo ejecutaran. Eso estremeció al mundo*».

Yiye se negó rotundamente a que su yerno fuera a la silla eléctrica, quien recibió un veredicto unánime de culpabilidad, y cumple cadena perpetua. Las consecuencias de nuestros actos de alguna forma nos alcanzan, pero la misericordia de Dios es infinita.

Dios es amor y nosotros debemos manifestar lo mismo. Por eso, aunque a Yiye le venían las imágenes de la tragedia en esa primera etapa, una y otra vez, seguía repitiendo sobre su yerno: «*yo lo amo, yo lo amo*». La gloriosa intervención del Señor en su alma y la liberación del trauma provocaron que amara de forma inexplicable y que él mismo a su puño y letra llenara el cheque que le enviaría, mes tras mes, como sustento en la cárcel.

«*Cuando pienso en esta memoria de la vida del gran evangelista Yiye Ávila siempre pienso en lo que 'verdaderamente creemos será puesto a prueba y el crisol de la realidad lo sacará a la luz'. Todo constructo teórico en torno al perdón no avanzará un ápice en la sanidad de un ser humano hasta que esté dispuesto a ofrecerlo para quien debe prodigarlo, o a recibirlo para quien debe ser recipiente de esa ofrenda, para que pueda ser sano. Ahí es donde radica la grandeza de Yiye. Mostró la resiliencia de su sanidad y el amor por su Maestro, brindando el perdón a quien arrebató una parte de su mismo corazón, como lo es para un padre su retoño. Continuó su vida y ministerio libre del peso de la angustia existencial y sano por el relevo de esa pesada carga».*

—Pastor Edwin Rivera Manso

CAPÍTULO 7

El perdonado: entrevista exclusiva

—Señor, ¿cuántas veces tengo que perdonar a mi hermano que peca contra mí? ¿Hasta siete veces?
—No te digo que, hasta siete veces, sino hasta setenta y siete veces —le contestó Jesús—.
Mateo 18: 21-22

«Yiye me dijo: "Te perdono. Tienes que perdonarte y verte como Dios te ve. Yo soy tu padre y tú eres mi hijo". Me dio un beso, un abrazo y me regalo una Biblia. En su mirada vi tanto amor que fue como ver a Jesús».

Estas fueron algunas de las palabras que el yerno de Yiye me dijo y que estremecieron hasta la fibra más íntima de mi ser. Estar sentada frente a él en la cárcel, verlo cara a cara y escuchar de su propia voz lo que es el poder restaurador del perdón no tiene precio y aun al final de mis días, recordaré ese momento como uno de los más memorables de mi vida.

Localizarlo y conocerlo fue una serie de eventos, como todo lo que ha sucedido en este libro, SOBRENATURAL. Él sabía que el testimonio dado por Yiye sobre la muerte de Carmen Ilia, a lo que se refiere como «la tragedia», había ganado miles de almas y mostró interés en que sus experiencias con Yiye fueran conocidas para la edificación de las vidas. Me dijo:

«Yo ya no puedo, lamentablemente, devolver esa vida, pero lo que quiero es que esa tragedia sea ahora de bendición para otras personas».

Al explicarle el propósito principal de este libro, que es honrar a Yiye Ávila, su reacción inmediata fue un llanto con sollozos que venían de las entrañas más profundas del alma. Le daba nostalgia recordar a Yiye, diciendo:

«Yo soy el fruto del perdón por la decisión de un varón que en medio de su peor prueba pone en práctica lo que por muchos años había predicado. En medio de una batalla en ayuno y oración, de lo más profundo grita a voz en cuello refiriéndose a mí: "Señor perdónalo, porque no sabía lo que hacía. Yo lo perdono. Perdónalo tú también. Lo amo"».

El camino a la cárcel para visitarlo daba la sensación de que no tenía fin cuando se miraba hacia el horizonte. A cada lado había pantanos y unos árboles que las caídas de sus hojas parecían lágrimas. Cuando finalmente llegué al edificio de la institución donde estaban los confinados, tuve que pasar todo el proceso de registro.

> *«Señor, perdónalo,*
> *porque no sabía lo que hacía.*
> *Yo lo perdono.*
> *Perdónalo tú también. "Lo amo"».*

Fue inevitable para mí recrear que Yiye había transitado por esos mismos pasillos, posiblemente percibiendo olores parecidos, pero con la abismal diferencia de que él lo estaba haciendo con su corazón totalmente destrozado porque había perdido a su gran tesoro, y se estaba dirigiendo hacia la persona que lo había provocado, con la intención de perdonarlo, restaurarlo y recordarle cuánto lo ama el Señor.

El lugar donde tuve que esperarlo es al aire libre y las mesas están pintadas de azul cielo, igual que los uniformes de los presos. Lo vi cruzar por todo el lugar hasta llegar a donde estaba. Al quedar uno frente al otro, de forma automática, nos saludamos con mucho respeto y que destilaba el amor de Cristo. ¿Qué pasaba por mi mente? Él es el perdonado.

Como suele suceder entre los hermanos en la fe, nos hablábamos como si nos conociéramos de hace tiempo. Su voz era una mezcla de sensibilidad y autoridad. Durante toda la conversación, percibí el dolor y el arrepentimiento de lo que había hecho a sus 24 años y de lo que han transcurrido 32 años. Sus ojos me llamaron mucho la atención porque aun cuando tuvimos periodos muy agradables en la conversación, sus ojos reflejaban una profunda tristeza. Sus párpados estaban caídos y por conocimiento científico de mi profesión sé que esto les ocurre a personas que han sufrido mucho. Hay días que son tan lúgubres que se convierten en la más pesada de las oscuridades. El alma gime como si cargara todo el dolor del mundo.

Hay algo más que me sucedió mientras lo escuchaba hablar con todo el detenimiento del mundo y fue que por momentos a quien veía era a su niño interior. Ya me había compartido su historia y de alguna forma era inevitable para mí desligar su pasado de lo que estaba viendo en el presente. Estoy agradecida porque me ha autorizado a compartir su historia contigo, amado lector.

«Nací el 9 de septiembre de 1964, en el pueblo de Isabela, Puerto Rico. Soy el tercero de nueve hermanos. Mis primeros años los viví en un sector muy pobre conocido en aquel entonces como "La Charca Maquita", debido a las inundaciones que ocurrían cuando por causas de las fuertes lluvias se desbordaban los canales de agua. Recuerdo que cuando llovía mi abuela y mi madre colocaban envases pare recoger el agua que se filtraba por los huecos del viejo y enmohecido techo de la casa. Si las inundaciones eran muy fuertes teníamos que recibir albergue en una de las escuelas del pueblo. A pesar de la pobreza y las dificultades que pasábamos, tengo algunos lindos recuerdos de esa etapa de mi niñez. Con el tiempo nos mudamos al residencial Alturas de Isabela, mejor conocido como "El Caserío La Cruz", lo que provocó un cambio considerable en nuestra calidad de vida. (Nota: los residenciales públicos son los lugares de vivienda que el Gobierno de Puerto Rico les brinda como ayuda a las personas de bajos niveles económicos). Para mí era un mundo nuevo. Estaba muy contento. Recuerdo que bajaba y subía las escaleras del edificio. Me emocionaba ver por primera vez un baño, una ducha y una estufa eléctrica. Pasaba horas mirando por la ventana de mí cuarto las grandes máquinas que continuaban construyendo otras secciones del residencial. ¡Me sentía muy feliz en mi nueva casa!

Mi *mamá me matriculó en la escuela y fue muy emocionante cuando me compró el bulto, las libretas y los lápices. ¡Yo abrazaba y besaba los materiales de la escuela!* Los *sacaba y los volvía a meter en el bulto, una y otra vez.*

La *noche antes del primer día de clases casi no dormí. ¡Deseaba que amaneciera! Esa mañana el primero en estar en pie fui yo y me puse el uniforme. Esperé que mi madre despertara. El camino hacia la escuela se me hizo muy largo. Deseaba llagar rápido. Ese primer día fue maravilloso. Los primeros días me llevaba mi mamá o mi abuelita hasta que aprendí a ir solo. En las mañanas, me levanta muy temprano para ser el primero en llegar.*

Los *días que no tenía clases, me encantaba pasar tiempo en los montes. Pasaba gran parte del día buscando frutas, cazando aves y pescando pececitos. Me bañaba en los canales de agua con mis amigos. ¡Esta fue la etapa más feliz de mi niñez!*

Aprobé *el primer grado con buenas notas, pero en la fiesta del último día de clases lloré mucho porque el único que fue con uniforme fui yo. Los demás niños tenían ropa nueva. Otra cosa que me entristecía era el hecho de que a mis compañeros los acompañaba su papá y yo no había conocido al mío. Por muchos años lloré por la ausencia de mi padre en mi vida.*

Inicié *el segundo grado con mucho entusiasmo. Ya comenzaba a aprender a leer y a escribir.*

Me gustaban mucho las matemáticas, los libros de cuentos y la historia me fascinaba. Hasta ese momento en la escuela todo iba muy bien.

Mi niñez se obscurece a la edad de 8 años. Una tarde mientras jugaba fui obligado a fumar marihuana por dos personas que para aquel entonces controlaban la distribución de drogas en el residencial donde yo vivía. Ese fue el comienzo de una de las etapas más terribles de mi niñez. Comencé a perder el interés por la escuela. Lo que quería era estar con esa gente del bajo mundo fumando marihuana y cigarrillos, mirando revistas pornográficas y escuchando los planes de sus fechorías. En la mañana salía de mi casa supuestamente para la escuela, pero no llegaba. Pasaba gran parte del día vagando por las tiendas del pueblo y los padres de mis amigos no querían que ellos estuvieran conmigo. Mi mamá y mis dos hermanos mayores trataron de que yo dejara esas malas amistades, pero todo era en vano. En esos momentos la situación con los muchachos del grupo estaba caliente. Los agentes antidroga de la policía hicieron un operativo y algunos de ellos fueron arrestados.

Para ese tiempo se hacían campañas evangelísticas al aire libre y mis amiguitos y yo íbamos a curiosear. Escuchábamos las alabanzas, las predicaciones y las veces que Yiye Ávila hizo predicaciones en la cancha de baloncesto. Durante la predicación me detenía a escuchar.

En mi hogar nunca vi una Biblia y mucho menos se hablaba de Dios, a menos que fuera para maldecirlo.

La época de Navidad era mi favorita. Sabía que tendría ropa nueva y regalos. Me encantaban los platos de comida navideños. Recuerdo que para una Navidad mi padrastro, a mis hermanos y a mí, nos regaló una vaqueta de vaquero con su pistola de fulminantes. Mientras jugaba con mi hermano uno de los bolsillos de mi vaqueta se rompió y dije "qué porquería, se me rompió". No sabía que mi padrastro me había escuchado y que me pasaría la cuenta por mi comentario. El día antes de la celebración de Los Reyes Magos, cuando llegué a la casa, vi todos los regalos y me puse muy contento. Cené, me bañé y me acosté con la ilusión de que amaneciera para recibir mi regalo. El primero en despertar fui yo. Mi padrastro comenzó a entregar los regalos a mis hermanos hasta que llegó mi turno y me dijo: "a ti no te compré nada porque escuché lo que dijiste". ¡Cuánto lloré! Me fui para un monte y estuve llorando casi todo el día. Cuando regresé a la comunidad veía a todos mis amigos con sus juguetes. Al llegar a mi casa, mi mamá había ido al pueblo y me había comprado un pequeño jeep militar plástico, pero el resentimiento crecía en mi corazón.

Dejé la escuela por completo. Me pasaba todo el día en un negocio agrícola. Mi sueño era tener una bicicleta, pero solo tenía ahorrados cuatro dólares y un amigo vendía la de él en 17 dólares. Estuve pensando en cómo conseguir el dinero. Sabía que mi mamá no me los podía dar. Estaba ayudando en el negocio agrícola, pero soñando despierto con la bicicleta y me imaginaba corriendo en ella por todo el residencial. Como era muy observador me había dado cuenta que la caja registradora del negocio donde estaba trabajando se podía abrir sin que hiciera ruido, así que con mucho temor esperé que los empleados estuvieran ocupados con la mercancía, la abrí y tomé tres dólares. Cada día sacaba más hasta que me pude comprar la bicicleta. Más adelante, hice amistad con un joven que no tenía vicios y que me aconsejaba que regresara a la escuela. Cuando tenía 10 años, mi madre me matriculó de nuevo y comencé en tercer grado con la promesa que si lo terminaba podía estudiar de noche y adelantar más grados. En la oficina de la directora de la escuela me dieron a leer un libro. Como pude, leí un poco, y mi madre comenzó a llorar. Le prometí a mi madre que iba a estudiar.

Algo que me desanimaba era el hecho de que era el mayor en mi salón de clases. Me sentía acomplejado. Recuerdo una ocasión en la que regresando del recreo escuché lo que hablaban sobre mi persona la madre de un niño y mi maestra. Me sentí muy mal y al poco tiempo dejé de ir a la escuela. Para colmo, mi amigo, que era muy bueno conmigo y me daba buenos consejos, falleció. Por mucho tiempo lloré y lamenté su partida.

Cuando tenía 12 años comencé a ir a discotecas. Mi interés era vestir bien, conocer nuevas amistades, ir a bares e ir a ver mujeres bailar desnudas. Para ese tiempo me enamoré de una muchacha del residencial. Por mi reputación, su mamá no me quería y nos veíamos a escondidas. Una tarde, mi novia me pidió que nos fugáramos. Primero vivimos en casa de mi mamá como por dos semanas porque no quería que estuviéramos en la calle. Luego, mi suegra nos pidió que nos fuéramos a vivir para su casa porque estaríamos más cómodos. Cuando tenía 14 años de edad, nació mi primera hija. Sentía una inmensa felicidad con el hecho de ser padre. Tuve también una segunda hija y a los 16 años mi mamá firmó un documento legal para poder casarnos. Como mi situación económica no mejoraba, decidí irme a los Estados Unidos para tener un mejor futuro. Mi sueño era tener mi propio hogar.

Uno de mis cuñados me comentó que estaba pensando irse para la Florida a trabajar y me preguntó si quería ir. Le dije que sí y comenzamos a hacer planes para el viaje y conseguir el dinero para el traslado.

Llegó el día del viaje y la noche anterior al viaje fue muy poco lo que pude dormir pensando cómo iba hacer mi vida allá. Era la primera vez que subía a un avión. Me imaginaba a los Estados Unidos como lo veía en las películas. Había escuchado tantas historias de mis dos cuñados *mayores que ya habían vivido allá. Ese día fui y me despedí de mi abuelita y de mi mamá. Ella me dio diez dólares y salí hacia el estado de la Florida. El camino hacia el aeropuerto se me hizo largo. Estaba ansioso por llegar. Tomamos el vuelo y en la tarde ya estábamos en el aeropuerto de Miami. Lo único que tenia de dinero eran los diez dólares que me había dado mi madre.*

Conseguí trabajo en una imprenta. Conocí nuevas amistades. Para ese tiempo uno de mis compañeros se convierte al Señor y comienza a visitar una iglesia. Dejó de fumar con nosotros y llegaba al trabajo con su Biblia. Al principio pensamos que eso iba a ser por un tiempo, pero comenzamos a notar su cambio. Él me invitó para la iglesia y me hablaba de Dios. Un domingo en la noche mi amigo pasó por mí para llevarme a la iglesia. Era un lugar muy pequeño y apenas había como doce personas. Esta era la primera vez que asistía a una iglesia evangélica. Nos sentamos en una esquina. La pastora nos dio la bienvenida. Cantaron varios himnos sin instrumentos musicales porque no los tenían, pues la iglesia llevaba muy poco tiempo, pero me gustaron mucho los cánticos. Llegó el momento de la predicación y durante el mensaje estuve muy atento. La pastora habló del infierno y del castigo eterno. Al terminar hizo el llamado para los que querían aceptar a Jesús como Salvador. Me levanté y pasé al frente».

Sentada frente a él en la cárcel me narró que la relación con la madre de sus hijos fue disuelta y conoció a Carmen Ilia, la hija de Yiye Ávila. Él había leído uno de los libros de Yiye sobre la oración y cuando supo que era su hija le causó una gran emoción. La describe como una mujer alegre, cariñosa, servicial, muy trabajadora, buena madre y un gran ser humano. Me contó con gran nostalgia cómo eran los encuentros de ella con Yiye porque considera que el uno para el otro eran las luces de sus ojos.

Describe que su vida espiritual era firme y de oración. Escuchaban predicaciones en la casa y hacían estudios bíblicos, pero cuando sucedió «la tragedia» llevaban como seis meses apartados de los caminos del Señor.

Según el yerno de Yiye, los pensamientos de suicidio llegaron cuando despertó a la realidad de lo que había hecho. Le había quitado la vida a la mujer que amaba. Comenzó a sentir un gran remordimiento y un dolor que jamás había sentido. En su cabeza le retumbaba una voz que le decía que se matara, le decía: «Mataste a la hija de Yiye Ávila, ahora te tienes que matar». Escuchaba esa voz una y otra vez. De hecho, lo intentó y milagrosamente no lo logró.

Cuando Yiye lo visitó por primera vez, estaba totalmente sedado porque había tenido varios intentos de suicidio en la cárcel. Al escuchar esto le dije: «*¡El Señor aún tiene propósitos contigo cuando no permitió que te quitaras la vida!*», a lo que me respondió: «*yo no logré suicidarme por las oraciones que a la distancia el hermano Yiye estaba haciendo por mí*».

Yiye se mantuvo en comunicación con él y también la mamá de Yiye, Doña Herminia Portalatín. Ella le escribió hasta que falleció. La describe como una mujer de ayuno y oración, que destilaba el amor de Dios y, a su entender, el pilar más grande en el ministerio de Yiye. Tanto las cartas de Yiye como las de Doña Herminia son una fuente de sabios consejos y muy cargadas de sabiduría espiritual que lo encaminaban a tomar las decisiones más acertadas dentro de lo que han sido sus circunstancias.

Ha tratado de superarse de la mejor forma posible. Trabajó por mucho tiempo en la capellanía de la cárcel. Aprendió a leer y escribir. Estudió cursos bíblicos por correspondencia de las Asambleas de Dios. De una universidad americana obtuvo un grado asociado en Teología. De niño abandonó la escuela y siempre albergó un deseo de estudiar. El Señor le cumplió ese deseo, lo que fue muy importante porque esto lo hacía vivir con complejos. Se propuso alcanzar estas metas y lo ha logrado.

Para terminar mi visita, hizo una oración. Su voz manifestaba sensibilidad y paradójicamente autoridad a la vez. Destilaba gratitud inmerecida en la comprensión de una identidad de redimido.

Me dijo que tenía unos documentos para mí y me entregó un sobre en el que estaba esta carta a puño y letra hecha por Yiye Ávila en la que solicitaba ir a verlo a la cárcel, la que tiene el valor de quien la ha conservado cautelosamente por tantos años. Fue escrita originalmente en inglés. La traducción al español lee como sigue:

Dear MR. Bryan Hendrickson:

May God bless you & your family. I am the father of Carmen Iliz Avila the young mother that was killed in January 1989. Her husband, the man that killed my daughter is in your jail.

I am a minister of God, & serve Jesus Christ since 1961, as a man of God I pray for this man that killed my daughter, & I have been trying to help him with all my heart.

I have been preaching crusades here in MIAMI. I'll like to see _____ next thursday, & pray for him & counsel Him so that he will be able to restore his life with God & with himself.

I'll be able to travel from Miami to _____ Park next thursday by car & I'll be there at 10 A.M. If you can give me this date with _____ please let know to Bro. _____ & he will let me know.

Yours very truly,

Evangelist Yiye Avila

Observa esta carta escrita de puño y letra por Yiye Ávila, nunca antes publicada. Es una copia de la misma carta original que escribió Yiye a la autoridad concernida para que le permitiera visitar en la cárcel a su yerno, para perdonarle y ministrarle personalmente. Es testimonio vivo del perdón en el amor de Dios.

Estimado señor Bryan Hendrickson:

El Señor le bendiga a usted y a su familia. Soy el padre de Carmen Ilia Ávila, la joven madre que fue asesinada en enero del 1989. Su esposo, el hombre que mató a mi hija, está en su prisión.

Soy un ministro de Dios y sirvo al Señor Jesucristo desde el 1961. Como hombre de Dios oro por este hombre que mató a mi hija y he estado tratando de ayudarlo con todo mi corazón. He estado en campañas evangelísticas y predicando aquí en Miami, y me gustaría verlo el próximo jueves, orar por él y aconsejarlo de tal manera que él pueda ser capaz de restaurar su vida con Dios y con él mismo.

Estaré disponible de viajar desde Miami hasta allá, el próximo jueves por carro y estaría allí a las 10 am. Si usted puede darme ese día con él, por favor, déjele saber al hermano ... y él me dejará saber.

Respetuosamente,

Evangelista Yiye Ávila

Leer esas líneas en las que Yiye le dice a la institución que está orando por el que fue su yerno, el que había asesinado a su hija, y que lo quiere ayudar con todas las fuerzas de su corazón, sobre todo para que restaure su vida con Dios y con él mismo, son palabras que hacen que nuestro cuerpo se estremezca ante un nivel tan alto de compasión y un concepto de perdón evocador de Cristo.

CITY of HOLLYWOOD, FLORIDA

POLICE DEPARTMENT • 3250 HOLLYWOOD BOULEVARD • ZIP 33021

RICHARD H. WITT
Police Chief

September 10, 1990

████████ Correctional Institution

████████████████

Attention: Mr. Frank Carey-Classification

Dear Mr. Carey:

As per our recent telephone conversation, please accept this letter as our request for permission for Jose J. Avila to interview inmate ██████████ L/M, DOB 09/09/64, SS #███-██-████, who is currently incarcerated at the ██████ Correctional Institute.

Mr. Avila is the father of Carmen Avila, victim of a homicide which occurred on January 23, 1989 in the City of Hollywood. He is an Evangelist Pentecostal Minister from Puerto Rico.

Reverend Avila will be in the Orlando area on September 20, 1990. He contacted Detective ████████████ of this agency and requested an interview with inmate Pellot in order to pray with him for an hour during the afternoon hours on September 20, 1990.

Your consideration of this request is greatly appreciated. Should you require any additional information, please feel free to contact Detective ████████████ at ████████████

Sincerely,

Richard H. Witt
Chief of Police

Detective ████████████

Esta es copia de la carta original avalando la visita e intercediendo por ella.

El amor lo cambia todo.

Una de las cosas que más me impresionó es que Yiye había hecho exactamente el mismo recorrido en carretera que yo hice para visitar a su yerno; desde el mismo punto de partida hacia el mismo lugar, a las mismas horas. Para que la experiencia fuera aún más impactante, sin saberlo, le había visitado a la misma hora que lo hizo Yiye. Las 10 de la mañana marcaron en el reloj la hora del perdón. Al destacarle al yerno de Yiye el impacto que esta otra gran coincidencia me provocaba, me dijo:

«El Señor sabe confirmar cuando lo que se está haciendo está dentro de su perfecta voluntad. Dios es bueno y el libro que usted está escribiendo dejará al pueblo postrado en Su presencia. Lo que viene de parte del Señor es grande».

Al despedirme le dije las mismas palabras con las que finalicé nuestra primera llamada telefónica, pero esta vez diciéndoselas a los ojos: *«Te amamos».* Pude notar cómo al instante se le dibujó una sonrisa en su semblante. Percibí que había internalizado estas palabras en su mente y en su corazón. Yo también sonreí porque me hizo recordar las palabras que constantemente Yiye decía: *«Sonríe que Cristo te ama».* Necesitamos sentirnos amados. El amor lo cambia todo.

CAPITULO 8

AMOR POR LAS VIDAS

«Si hablo en lenguas humanas y angelicales,
pero no tengo amor, no soy más que un metal
que resuena o un platillo que hace ruido.
Si tengo el don de profecía y entiendo todos
los misterios y poseo todo el conocimiento,
y si tengo una fe que logra traspasar las montañas,
pero me falta el amor, no soy nada».
—1 Corintios 13:1-2

Yiye fue una persona dulce, ya que poseía un alma noble. Su vida fue muy rica y llena de expresiones bellísimas. Los distintivos que predominantemente tenía en su carácter fueron el amor, la humildad, la sensibilidad y su don de gente. Fue muy cercano a las personas reflejando transparencia y pureza en su interior. Mucha gente lo quería sinceramente por su forma de hablar sencilla y pueblerina.

En la entrevista realizada a Alberto Motessi, me dijo que cuando visitaba Puerto Rico siempre Yiye procuraba que estuviera con el personal de su ministerio. Cuando se despedían en la oficina, la que Motessi recuerda perfectamente, y comenzaban a orar, Yiye se iba de rodillas. En una ocasión, en medio del desarrollo de un programa de televisión, cuando vio a Motessi entrar al estudio, lo saludó en plena transmisión en vivo. Surgió un abrazo que siente todavía. Le acarició el rostro con ternura y le dio un beso. Hubo un silencio largo. Parecía que aquel abrazo no terminaba. ¡Ese era Yiye!

Igualmente, la adoradora Rosa Ferrer me indicó que, aunque él era una persona bien organizada y estricta, a la misma vez fue muy carismático. Siempre que la veía le ponía una mano en la cara con mucha ternura y respeto. «Si estaba hablando contigo, te prestaba atención a ti. Se acercaba persona a persona a saludar. Atendía en forma individualizada a las personas que necesitaban la oración. Decía: «*Hermanito, vamos a orar*». Hacía sentir especiales a las personas. Era muy tierno con una dulzura como la del apóstol Juan. No encontraba maldad en nadie. Su corazón era limpio y puro como el de un niño», comentó. Ya lo dijo Jesús:

«Les aseguro que a menos que ustedes cambien y se vuelvan como niños, no entrarán en el reino de los cielos».

—Mateo 18:3

Yiye demostraba amor a todas las personas y en cualquier lugar. En una ocasión estando en Buenos Aires, Argentina, luego de haber orado y ministrado por tres horas tuvo un nivel de agotamiento en su cuerpo que lo tuvieron que sostener de los brazos para llevarlo hasta el vehículo. Entonces se escuchan los gritos de una mujer diciendo: *¡Yiye, ¿puedes orar por mí?!* Hizo que todos se detuvieran, la buscó entre la multitud y oró por ella. Pudo haber pensado en él primero. ¡Estaba agotado! Pero no hubo ni una pizca de egoísmo, mostrándole a aquella mujer llena de fe, su compromiso con ella.

Jesús dijo: «Si alguien te obliga a llevarle la carga un kilómetro, llévasela dos» (Mateo 5:41). Esto quiere decir que en cuanto al servicio y al amor, debemos dar la milla extra. Cuando hacemos la primera milla, podemos provocar el aplauso de los demás y la satisfacción de que se hizo algo bien hecho. Ahora bien, la milla extra, que era la que hacía Yiye, es muy diferente. Cuando hacemos la milla extra estamos reflejando que verdaderamente somos hijos de Dios. La diferencia consiste en lo siguiente: el mundo nos ve en la primera milla, en la segunda milla ven en nosotros a Cristo.

La pasión de Yiye por las almas fue increíble. Se desvivía por los niños y le preocupaba la juventud. Era un impulsador de jóvenes. Les recalcaba que dondequiera que fueran testificaran de Cristo y que independientemente de las puertas que se les abrieran, no se apartaran del Señor. En una ocasión cuando iba entrando a uno de los estadios en Puerto Rico para una de las campañas, hizo detener el vehículo. Bajó la ventanilla del auto y señaló a un joven para decirle que él le pertenecía al Señor. Alguien puede pensar que esto fue un detalle pequeño. Pero resulta que ese acto ha marcado a ese joven para siempre. Hoy día es un ministro. Nada es pequeño cuando nos dejamos dirigir por el Espíritu Santo y en obediencia al Señor.

A pesar de que tenía un mensaje confrontador, la base del mensaje era el amor. Retaba a la gente por sus conductas, pero a la misma vez el amor lo llevaba a invitarlos a que sonrieran. Lo que gobernaba a Yiye era el amor por las almas sobre todas las cosas. Entendía que su misión estaba basada en el mayor fundamento que es el amor, el cual se manifestó en un sacrificio: Jesús murió en la cruz y hay que arrancarle las vidas al mundo de las tinieblas.

LA UNIDAD DE LOS HERMANOS EN CRISTO

Otra misión que Yiye tenía era el de llevar el mensaje de la unidad entre hermanos en Cristo y este también está basado en el amor. Desarrolló su ministerio en un tiempo en el que en Puerto Rico crecieron tantos ministerios que se entró en un tipo de competencia. Cada cual estaba halando para su lado. Lo que divide al pueblo de Dios no es de Dios. Yiye siempre tuvo en mente lo que enseñó Jesús:

«Si un reino está dividido contra sí mismo, tal reino no puede permanecer. Y si una casa está dividida contra sí misma, tal casa no puede permanecer».

—Marcos 3:24-25

Yiye estaba muy claro y predicaba constantemente que no podemos dañar nuestro propio cuerpo, que es el cuerpo de Cristo. Recalcaba que hay que olvidarse del «yo»; enterrar el orgullo personal. Las enseñanzas de nuestro Señor en cuanto al amor están basadas en morir al yo. Estamos realizados, completos y desarrollados en la medida en que nos liberamos de las cadenas del «yoísmo», que significa ser una persona que solo vive para sí misma. Lo que tiene por prioridad es la autorrealización, y las personas terminan por atrofiarse emocional y espiritualmente. Tal y como lo hizo Yiye, quien es capaz de sobrepasarse a sí mismo en la compasión y en el amor, tendrá experiencias muy ricas y gratificantes. A la luz de su vida, todos somos desafiados a negar el ego, porque hay algo más importante que el diminuto y minúsculo «yo».

No debemos andar con rencores, sino ser afectuosos. Abrazar y saludar, velar y promover que otros crezcan, ciertamente en esto hay felicidad y grandes satisfacciones. En propias palabras de Yiye:

«Sonríete con tus enemigos, que se te caigan los dientes. Tenemos que hacerlo todo con amor. Hay quienes se enojan porque predico amor, cuando esa es la ley más importante de Jesús».

No creía en el evangelismo de «dar palos», sino en el de demostrar el amarnos los unos a los otros. Creía en vivir en comunión y buscar reconciliación *aunque el orgullo personal reviente*. «No es a lo que nos conviene o nos guste, sino conforme a la Palabra de Dios. Hay que mirar a la gente como miraríamos a Jesús. ¡Ese es el evangelio!», defendía.

Fue un pacificador. Aun cuando otros pastores o evangelistas tenían conflictos, él era el intermediario en sus situaciones. Manejaba las circunstancias controversiales con profunda sabiduría. Nunca le echó leña al fuego. Recomendaba tener una red de apoyo, buscando hermanos de fe y amor. Destacaba que hay que tener sumo cuidado de en quién confiamos, pero que de ser necesario debemos sostenernos en otras personas que nos puedan aconsejar y orar por nosotros. Hablaba de no hacer todo esto público, porque en la opinión de Yiye eso daña los ministerios y sus propósitos.

Cuando lo atacaban nunca quiso defenderse. Esto nos pone en perspectiva de lo que debemos hacer cuando nos injurian. Si alguien habla mal de ti, solo tú y solamente tú, determinas el significado de esas acciones. Además, cuando estamos claros de nuestras intenciones y acciones, lo mejor es pedirle al Señor que sea Él quien traiga la revelación de todas las cosas. Debemos luchar con bien el mal. Aprendamos de Yiye que las acciones de otros no se deben convertir en reacciones nuestras. Jesús nunca se rebajó a nivel de ninguna situación mal intencionada. Busquemos siempre la paz y el gozo.

Yiye comenzó a predicar tan pronto aceptó a Jesús como su Salvador.

Cassettes con entrevistas propiedad de Casa Creación.

Dios lo llevó de triunfo en triunfo como atleta internacional.

Pionero en expandir el evangelio grabando en LP's o discos de vinilo

El ministerio del hombre que obedeció a Dios incondicionalmente creció hasta alcanzar multitudes en toda Hispanoamérica.

Periodicos de toto el mundo anunciando las maravillas de Dios en las campañas.

Periodicos de toto el mundo anunciando las maravillas de Dios en las campañas.

Agasajado en el Capitolio de Puerto Rico, donde una sala lleva su nombre.

Capítulo 9

El ministerio de liberación

«El Espíritu del Señor está sobre mí,
por cuanto me ha ungido
para anunciar buenas nuevas a los pobres.
Me ha enviado a proclamar libertad a los cautivos
y dar vista a los ciegos,
a poner en libertad a los oprimidos,
—Lucas 4:18, NVI

Yiye demostró el amor de diferentes maneras. Procuró que las personas fueran libres del pecado y de la enfermedad. Pero además de estas liberaciones, predicó y accionó sobre otros tipos de liberaciones absolutamente necesarias para los seres humanos, como las siguientes:

Liberación en el alma

Cuando hablamos del alma nos referimos al área de las emociones. Tiene que ver con todo aquello sobre nuestros sentimientos y la voluntad. Algunos, inclusive, lo enmarcan dentro del campo psicológico. No era muy común en la época en la que el ministerio de Yiye fue desarrollado, que se hablara del tema de la sanidad interior. Pero Yiye fue vanguardista en muchas cosas y esta área fue una de ellas. De hecho, identificaba este tema como uno decisivo para el pueblo de Dios. Predicaba sobre la sanidad interior por medio de la Biblia.

Las paredes que edificamos alrededor de nuestro corazón para cerrarnos al dolor son las mismas paredes que nos impiden ver la esperanza, experimentar la sanidad interior y sentir amor. Podemos decir que todos hemos sido heridos y lastimados de alguna manera. El alma puede endurecerse cuando hemos sido maltratados, enjuiciados, traicionados, engañados o abusados. Como mecanismo de protección ponemos barreras con los demás, ya que tenemos el temor de sufrir desilusiones, tristezas, menosprecios, ira o frustración. ¿Qué fue lo que Yiye enseñó sobre estos aspectos?

1. Dejemos el rencor y sigamos hacia adelante en lo que Dios tiene preparado para nuestra vida.

2. Podemos conocer personas que tienen diferentes ideas, comportamientos que no nos gustan. Dios nos pide que amemos a las personas, no que los juzguemos y los rechacemos.

3. Las personas merecen ser amadas por su condición de ser hijos de Dios.

4. Vivir en constante tribulación en el alma es *«estar ligado en el espíritu»*. Así se lo reveló el Señor en un ayuno. Ligado en el espíritu es estar atado.

5. No nos debemos hacer «escombros emocionales» por cualquier cosa.

6. En este mundo pasaremos por problemas, pero hay que enfrentarlos en forma decisiva y con determinación.

7. No se puede meditar en el problema porque se te mete en el corazón. Si uno sigue pensando en el problema se hunde. No podemos permitir que los problemas se arraiguen en el alma.

8. Hay que meditar en la Palabra de Dios. La Palabra de Dios es la medicina. Hay que repetir textos bíblicos una y otra vez. La Biblia nos da la victoria para todo.

9. Aunque el diablo venga a recordarle a uno los problemas, hay que reírsele en la cara.

10. Mientras estamos preocupados no somos libres.

11. Hay que descansar en Jesús y confiar en su poder.

12. No podemos perder el gozo.

13. Para ser libres de la opresión hay que meterse profundamente con Dios. Cuando uno hace esto se le olvida hasta el problema.

14. La oración en el espíritu, la que se hace con gemidos indecibles y en lenguas, nos liberta. Es algo exclusivo de la novia de Jesucristo. La consagración es una forma de recibir sanidad.

15. No podemos atarnos a las cosas que nos hacen daño.

Entiende esto, por favor: para amar al prójimo como a nosotros mismos debemos estar sanos en nuestro interior. Dios nos ha llamado para que manifestemos su amor. Uno de los desafíos de ser cristianos es desarrollar y alimentar las relaciones de forma saludable con otras personas. Esto solo puede suceder si la gente quiere hablar con los demás y abrir sus corazones. Así era como Yiye lo predicaba; no solo en palabras, sino también con hechos.

Liberación en la cárcel

La Palabra de Dios nos anima a atender a las personas que han sido privados de su libertad por causa de ingresar en prisión. Te pregunto: ¿Has hecho esto? ¿Lo haces? ¿Te gustaría hacerlo? La Biblia exhorta:

«Acuérdense de los presos, como si ustedes fueran sus compañeros de cárcel, y también de los que son maltratados, como si fueran ustedes mismos los que sufren».

—Hebreros 13:3

Las personas que más vemos ir a la cárcel de forma voluntaria para ser de bendición a los presos son los cristianos. El resto del mundo como que los abandona. A pesar de que el mundo concede poco valor a los presos, Jesús les dio importancia cuando dijo:

«Necesité ropa, y me vistieron; estuve enfermo, y me atendieron; estuve en la cárcel, y me visitaron».
—Mateo 25:36

Yiye predicó a los presos. Generalmente, los sacaban al patio y allí Yiye les predicaba. En otras ocasiones, entraba hasta las celdas. Siempre les demostraba compasión y amor. Como a todas las personas, los miraba a los ojos. ¡Los abrazaba como una muestra de respeto! El mensaje es: nadie es superior a nadie.

Llegó a predicar en cárceles de máxima seguridad. Allí lo hacía detrás de las rejas. Nada lo limitaba. Hasta demonios llegó a reprender. Oraba por los enfermos. Gracias a su obediencia los presos recibieron el mensaje del amor de Dios y fueron cientos los que recibieron a Jesucristo como su Señor y Salvador. Estando en la cárcel encontraron libertad. ¡Aleluya!

A Yiye le conmovía encontrar en la cárcel a jóvenes que habían conocido al Señor antes de entrar allí. Inclusive, algunos habían estado activos trabajando en la iglesia. Pero había algo que a Yiye le impactaba sobremanera, y era cuando se encontraba en la cárcel a hijos de pastores. Esto lo quebrantaba profundamente.

Les hablaba que ellos eran amados por el Señor; que no son cualquier cosa, sino que su identidad fue establecida por Dios. Les repetía: «*Fuimos creados a imagen y semejanza de Dios*». Les ministraba que Dios nos quiere dar paz eterna y que el que estuvieran presos era evidencia de la obra satánica que el diablo quería hacer contra sus vidas.

Les contaba su testimonio de cómo tuvo un encuentro con su amado Señor Jesús, haciéndoles saber que en la cárcel tienen un Amigo que nunca los dejaría solos. Con estruendosa y firme voz les afirmaba: «*¡Ustedes valen mucho para Dios, por eso envió a Jesús a morir por ustedes!*». Cuando a ellos les bajaban lágrimas por las mejillas ante el impacto del mensaje de la cruz, Yiye les explicaba que esas lágrimas son el resultado de experimentar el amor del Señor.

Me pareció pertinente entrevistar a Alexander Capó, mejor conocido como Alex Trujillo, ex sicario, quien fue uno de los más buscados tanto por agencias federales como las estatales en Puerto Rico por narcotráfico y asesinato en segundo grado, ya que estuvo preso por 15 años y sus más profundas experiencias espirituales las tuvo en la cárcel.

En estos momentos está en libertad condicional y dice que en «*en este tiempo quiero restituir a Puerto Rico a través de predicar el evangelio de Cristo y poder aportar a la sociedad todo lo que pueda*». Estuvo muy contento de escucharme hablar sobre este libro y le impactó el hecho de que el ministerio en las cárceles fuera uno de los más amados por Yiye.

Alex me explicó que desarrollar ministerios en la cárcel es de suma importancia porque es uno de los escenarios en los que hay más necesidades. Me dijo:

«En las prisiones hay muchas opresiones: desde los oficiales hasta la parte administrativa. Es un lugar donde te sientes abandonado. Hay soledad. Estás alrededor de personas que no sienten afecto por ti. Muchos presos nunca son visitados. Cuando un ministro del Señor va a predicar a la cárcel es como Dios haciéndote ver que no eres abandonado, que te ofrece el perdón que no te da la sociedad, ni la familia. Realmente Dios puede restaurar los corazones porque vienen de trasfondos de carencias emocionales. Escuchar la Palabra de Dios en la cárcel hace que se levante la fe y brinda la esperanza de que Dios puede transformar las circunstancias. El estado de ánimo del confinado suele ser de culpabilidad, pero Cristo libera esa carga».

En mi conversación con Alex, le expliqué que Yiye narraba a los presos la experiencia de la muerte de su hija por parte de su yerno y de cómo había llegado hasta la cárcel a perdonarlo. Tuve curiosidad sobre cómo Alex ve el que les llevara este mensaje a los encarcelados. Su reacción fue la siguiente:

«Los confinados son los más que tienen que perdonar en la vida. Desde quien los delató hasta a

cada una de las personas que les hicieron daño. He escuchado de los que le dejaron de hablar a sus madres porque fueron quienes los entregaron. El mensaje del perdón es muy importante en la cárcel y fuera de ella para poder tratar con amor a otros y a nosotros mismos».

Existe un potencial inmenso de alcanzar a los perdidos dentro de la cárcel. Sin embargo, con más frecuencia de la que se debería, son olvidados. La cárcel es un extraordinario campo evangelístico y Yiye lo sabía. Es impresionante verlo en fotos y en videos entrar a la cárcel con su inmensa Biblia en los brazos, seguramente con mucha responsabilidad en su mente y evidentemente con mucho amor en su corazón.

Liberación de la opresión

El ministerio entregado por Dios a la vida de Yiye fue uno que se distinguió, sobre todo, por la salvación de las almas y la sanidad divina. Sin embargo, hubo liberaciones espirituales y enseñaba sobre el tema de los demonios y cómo ser libres de opresiones.

No había demonio que se resistiera a la manifestación del poder del Señor a través de su siervo. Los espíritus malignos perturban y oprimen a las personas. Satanás tiene un solo propósito: matar, hurtar y destruir. La gente tiene que entender que estamos en una batalla espiritual. Satanás lucha con todas sus fuerzas para dañarnos. Pero en el Nombre de Jesús hay libertad completa de los espíritus de esclavitud. La Biblia dice:

«Así que, si el Hijo os libertare, seréis verdaderamente libres».

—Juan 8:36 (RVR 1960)

La liberación de espíritus formaba parte del ministerio de Jesús. Aunque la gente de su tiempo reconocía y practicaba el exorcismo, Jesús expulsaba demonios con una autoridad que asombraba a todos. Yiye afirmaba y practicaba constantemente el reprender con toda la autoridad de la Palabra de Dios, y en el nombre de Jesús, salían y las personas eran liberadas.

Los demonios suelen hacer que la persona se sienta sucia e inmoral. A veces introducen pensamientos e imágenes viles en la mente, especialmente cuando una persona se convierte a Cristo o cuando está sirviendo con efectividad al Señor y a su pueblo. Yiye enseñaba que, para ser libres de cualquier opresión de espíritus, es necesario identificarlos para luego renunciar a ellos. Se debe renunciar de todo corazón a la manifestación en nuestra vida de cualquier espíritu al cual hayamos estado cediendo o complaciendo para ofender a Dios.

El Dr. Magdiel Narváez, teólogo y escritor, a principios de los años 90 fue a visitar a Yiye porque creía que estaba endemoniado. En aquel momento era estudiante en la universidad, estaba sufriendo y viviendo cosas que no entendía.

Recuerda con claridad que Yiye lo recibió con mucho amor, humildad y un gran calor humano. Lo abrazó y le dijo: *«Hermanito, ¿en qué te puedo ayudar?»*. Entonces Magdiel comienza a explicarle todo lo que había estado sintiendo y el tipo de pensamientos que tenía, afirmándole a Yiye: «*Yo creo que estoy endemoniado*». Entonces Yiye riéndose le dijo:

> «*Hermanito, tú no estás endemoniado. Tú debes tener otra cosa. Si estuvieras endemoniado te hubieras caído al piso porque aquí los demonios no entran*».

Yiye hizo una poderosa oración por Magdiel y le pidió al Señor que lo dirigiera para que encontrara el lugar correcto donde podría recibir ayuda. Es impactante el hecho de que a principios de los años 90 tuviera el discernimiento de identificar que lo que estaba ocurriendo no era algo espiritual, sino médico. Pero así mismo también tenía la total convicción de que si hubieran sido demonios, tenía tanta autoridad en Cristo que no hubieran podido estar cerca ni entrar en su oficina.

La guerra espiritual más importante que se hace, según Yiye, es por las almas perdidas. Somos un ejército que no puede tener treguas. Contamos con el poder del Cristo vivo para obtener la victoria. La palabra «derrota» Cristo la crucificó. Jesús venció en el Calvario aun a la muerte, y ha traído a la luz la vida. No hay muerte, ni diablo, ni demonio por encima del poder de Dios.

CAPÍTULO 10

UNA INTENSA VIDA DEVOCIONAL: EL PRINCIPIO DE TODO

«El Señor está cerca de quienes lo invocan,
de quienes lo invocan en verdad».
—Salmos 145:18

Yiye conoció al Señor por medio de la oración contestada. Su encuentro con Jesucristo fue a través de la sanidad divina. Lo que precedió al milagro en su cuerpo fue una oración hecha con fe. No es de extrañarnos que la oración fuera tan fundamental para él. Al entregarle su vida a Cristo le fue incrustada en el corazón la vital importancia de la vida devocional y le pedía al Señor un sacerdocio de oración.

El poder de Dios manifestado a través de Yiye en milagros, portentos y el alcance de su predicación no solo muestran los muchos dones dados por Dios a su vida, sino que hablan de manera contundente sobre la dependencia del Señor en sus continuas y eficaces oraciones. El tiempo devocional es la clave para navegar por inmensos y profundos mares de victoria.

Mis fotos favoritas son aquellas en las que está postrado orando. Mientras escribo estas líneas, estoy observando una y lo que veo es un rostro iluminado, confiado y sereno. Está en una postura de postración completa, de rodillas. Para Yiye esta era lo posición ideal. Enseñaba que mientras fuera posible debemos orar de rodillas, así como lo practicaba nuestro amado Señor Jesús y que está registrado por el apóstol Lucas en la experiencia de oración en Getsemaní:

«Entonces se separó de ellos a una buena distancia, se arrodilló y empezó a orar: "Padre, si quieres no me hagas beber este trago amargo; pero que no se cumpla mi voluntad, sino la tuya". Entonces se le apareció un ángel del cielo para fortalecerlo».

—Lucas 22:41-43

En la foto tiene sus manos elevadas hacia el cielo destilando ruegos y adoración. La más eficiente y necesaria forma de intimar con el Espíritu Santo es justamente nuestra postración y humillación, en un acto de respeto que simboliza total rendición. Esa posición representa que somos conscientes de quiénes somos frente a quien es Dios. Santiago da un consejo sobre este particular:

«Humillaos delante del Señor, y él os exaltará».
—Santiago 4:10

Oraba sintiendo el poder del Espíritu Santo en forma gloriosa y experimentando la unción del Señor. Se le oía orar en lenguas y oraba con entendimiento. Se generaba una ola de poder en los estadios, y dondequiera que fuera, cuando la oración salía de sus labios. ¡Emanaba autoridad, por eso se movía lo que se tenía que mover! ¡Se callaba lo que tenía que callar! ¡Desaparecía lo que tenía que desaparecer! ¡Se manifestaba lo que se tenía que manifestar!

Sí, oraba frente a multitudes y ocurrían salvación de almas, liberaciones y milagros. Esto era efecto directo de la oración que también hacía *solito* en la intimidad con el Espíritu Santo. La oración no es solo para las plataformas; tiene que comenzar en la cámara secreta. Allí donde nadie nos ve. Ya lo enseñó nuestro amado Señor Jesucristo:

«Pero tú cuando ores, entra en tu aposento, y cuando hayas cerrado la puerta, ora a tu Padre que está en secreto, y tu Padre, que ve en lo secreto, te recompensará».
—Mateo 6:6 (RVR 1960)

LA ORACIÓN COMO ARMA ESPIRITUAL

Yiye poseía una unción poderosa para interceder en oración. Recibía cada vez más y más de Dios porque tenía hambre y sed. ¿Cómo podría alguien llevar a cabo tan inmensurable, extraordinaria y variada obra del ministerio, a menos que el Señor no esté con él y él con el Señor?

La lección mayúscula aquí es que, tal y como lo hizo Yiye, tú y yo debemos habituarnos a «orar sin cesar» (1 Tesalonicenses 5:17, RVR 1960), y a acercarnos con confianza al trono de la gracia para recibir misericordia y hallemos gracia para el oportuno socorro (ver Hebreos 4:16), entendiendo el sentido de urgencia que tiene esta disciplina y arma espiritual en las luchas que libramos, creyendo que recibiremos aquello que pedimos a nuestro Padre Celestial.

Para este tiempo turbulento en el que vivimos hay un mensaje contundente para los hijos de Dios: *«Busquen el rostro del Señor. Sumérjanse en oración. No te apartes de tu primer amor. Solo así se podrá resistir y vencer. Únicamente en Jesús es donde debe estar puesta la totalidad de nuestra esperanza».* Cristo dijo:

> «Velad, pues, en todo tiempo orando que seáis tenido por dignos de escapar de todas estas cosas que vendrán, y de estar en pie delante del Hijo del Hombre».
>
> —Lucas 21:36 (RVR 1960)

La oración es un mandato de Dios y un deleite. Es una clave para vencer en los postreros días, mantenernos firmes y para triunfar. A través de la Biblia vemos la exhortación a la oración (ver Efesios 6:18). Jesús enseñó a orar a sus discípulos para no caer en tentación (ver Mateo 6:13). Para los tiempos duros y complejos que vivimos la oración es un fundamento para refrescar el alma entre tanta tierra árida. ¿Qué más podemos decir sobre esta poderosa arma que fue un fundamento en la vida de Yiye?

- Orar es lo único que se puede hacer, cuando ya no se puede hacer más. La mayoría de las situaciones están fuera de nuestro control, pero en la oración sabemos que Dios sí lo tiene. Es un vehículo para ver milagros y portentos. Ofrece consuelo al que ora y a aquel por quien se ora.

- Nunca orar es inútil porque siempre conforta. Es la fuente que transforma el lamento en un gozo inexplicable.

- Orar es la aceptación de nuestras limitaciones. Es aprender a resignarse cuando lo que pudo ser no ha sido. Consiste en vivir sin rencor, aceptar las derrotas de la vida con dignidad y celebrar el triunfo con humildad.

- Orar es buscar y adquirir las fuerzas si no se tienen y confiar en que las cosas son como deberían ser.

- Conectarse con la presencia del Señor es optimismo, no dar nada por perdido, luchar y resistir. Orar es fragilidad, conectarnos con nuestra vulnerabilidad, mientras que a la misma vez nos renovamos internamente.

- El tiempo de oración es una experiencia de fe y sin fe es imposible agradar a Dios (ver Hebreos 11:6).

- Orar es desconectar y contemplar. Es introspección en la sociedad del exhibicionismo; relajarse y calmar los nervios. Es razonar, aunque parezca lo más irracional que haya.

> *Conectarse con la presencia del Señor es optimismo, no dar nada por perdido, luchar y resistir.*

- Es planificar y anticipar las jugadas; abstracción en los tiempos de lo concreto y lo material. Es pausa en un mundo excitado. Es calma cuando todo es ansiedad.

- Sin oración viviremos como «fracasados espirituales». La oración es un asunto profundo. Debemos anhelarla y activarla. La vida del creyente es totalmente diferente sin oración a lo que es una con oración continua y consciente.

- La oración es un vehículo para conectarnos con las promesas que el Padre Celestial nos ha dado. Es una vivencia totalmente extraordinaria recordarle al Señor en oración lo que Él nos ha dicho.

- Orar es un placer oculto, que se reserva para la intimidad. Es un acto privado, casi a escondidas. Es un tiempo para escuchar la voz de Dios y dejar que el Espíritu Santo haga sus funciones en nuestra alma.

- Es un súper poder que nos predispone al bien, independientemente de las circunstancias externas.

> *La oración es un vehículo para conectarnos con las promesas que el Padre Celestial nos ha dado.*

LA ORACIÓN COMO EJE CENTRAL

Es muy claro y evidente que para Yiye la oración fue un eje central. El impacto de su ministerio, su forma de proceder y su manera de vivir estaba totalmente ligado a la eficacia de su estructurada vida devocional. La forma en que ejerció su llamado es un testimonio vivo de que la oración tiene una influencia invariable, segura y palpable.

El profundo anhelo del alma de entrar en comunión con Dios proviene directamente del Espíritu Santo. El tiempo devocional, ese en el que intimamos con el Señor, es lo que nos nutre como cristianos y mientras más nos adentramos en esta vivencia, más la anhelaremos. ¡Es maravilloso convertirnos en adictos de su presencia! Ahí perdemos la noción del tiempo y del espacio. Yiye buscaba la comunión con el Señor desde la madrugada y permanecía firme en la oración hasta que amanecía. Ganó las más viles batallas dentro de la experiencia de la oración en las mañanas, y en muchas ocasiones pasó la noche entera en oración.

Los soldados se someten a rigurosos y estrictos entrenamientos con el fin de arraigar el conocimiento de las estrategias militares. De esta forma cuando de repente están en pleno conflicto bélico, sabrán qué técnicas utilizar para salir triunfantes. La oración para el creyente es como la capacitación y entrenamiento de los militares. Cuando llega el día de la prueba, si se está cimentado en la vida devocional, se tienen las armas para poder resistir y triunfar ante la adversidad. Tal fue la experiencia del salmista cuando exclamó:

«En mi angustia llamé al Señor,
    pedí ayuda a mi Dios,
y él me escuchó desde su templo.
¡Mis gritos llegaron a sus oídos!»
—Salmos 18:6 (DHH)

Me parece que muchos cristianos oran más por obligación que por la gloriosa y excelsa bendición de intimar con Dios. Oran porque deben orar y porque sienten que si no lo hacen perderían una de las evidencias de su condición cristiana. ¡Es necesaria una conciencia más elevada en cuanto al tiempo devocional! Hay un camino más excelente. La oración es una de las vivencias más deleitables y transformadoras. Debemos valorarla y considerarla como uno de los mayores lujos del cielo.

Yiye enseñó constantemente sobre la importancia de la oración. Fue un modelo de que cuando la oración es inspirada por el Espíritu Santo, y está enmarcada dentro de la voluntad de Dios, será hecho lo que pedimos. La oración no es ficción, es verdad y realidad. Necesitamos tener total seguridad en la eficacia de la oración. ¡Necesitamos contar las misericordias antes de que sean otorgadas! La Biblia dice:

> «Pedid, y se os dará, buscad y hallareis; llamad y se os abrirá».
> —Lucas 11:9 (RVR 1960)

No debe extrañarnos que alguien de la altura espiritual y del éxito ministerial de Yiye Ávila tuviera en tan alto concepto la oración vehemente y consagrada al Dios Altísimo en sollozos, temblores y ruegos. Tampoco nos extraña que un hombre así tuviera los extraordinarios frutos espirituales y poco comunes que tuvo.

Necesitamos tener total seguridad en la eficacia de la oración.

He escuchado muchos testimonios de Yiye en los que usaba la oración para clarificar sus dudas, recibir confirmación, entender misterios espirituales y recibir revelación. Es válido y necesario preguntarle a Dios lo que no sepamos, y querer aprender más. El Espíritu Santo está disponible en nosotros como hijos amados de Dios para comprender el mundo espiritual y revelarnos los asuntos más profundos.

La oración fue también para Yiye uno de los medios a través de los cuales le hablaba y le demostraba su amor a Dios. Es una vivencia totalmente gloriosa desbordar nuestro amor al Señor en palabras por medio de la oración. Es como una llama ardiente que se manifiesta en nuestro interior y que desemboca en una profunda experiencia de gozo, que en ocasiones se puede mezclar con un llanto liberador por deleite. ¿Lo has vivido? ¡Es inigualable la sensación que se provoca en nuestra alma con repetir las palabras: «*¡Señor, yo te amo!*».

LA ORACIÓN COMO FUNDAMENTO

Una clave gloriosa que encontramos es que Yiye dedicaba a Dios todas las mañanas de su vida. Comenzaba sus días orando en la madrugada. La oración matutina es muy importante porque determina la forma en que pasaremos el resto del día. Invocar a Dios al comenzar el día y glorificar su nombre es un deber y un gran deleite. Dijo el salmista:

«Por la mañana hazme saber de tu gran amor,
  porque en ti he puesto mi confianza.
Señálame el camino que debo seguir,
  porque a ti elevo mi alma».

—Salmos 143:8

«Por la mañana, Señor, escuchas mi clamor;
  por la mañana te presento mis ruegos,
  y quedo a la espera de tu respuesta».

—Salmos 5:3

Para Yiye, la oración fue importante para librar sus batallas personales dentro de las experiencias de sufrimiento que atravesó. Inclusive, oraba por aquellos que le habían hecho daño. Rogaba para que vieran la verdad y comenzaran a caminar en la luz. Experimentó el poder que tiene la oración frente a las situaciones más dolorosas de la vida, como, por ejemplo, en el proceso de la muerte de sus hijas. Reconocía que hay luchas en la vida que son muy fuertes, pero que podemos proclamar nuestra victoria en el poderoso nombre de Jesús y por la fe en lo que está establecido en la Palabra de Dios.

Constantemente repetía en sus predicaciones la importancia de ir delante del Señor en oración de fe y confianza frente a los problemas. La oración es el arma más poderosa ante las situaciones de crisis y angustia. Contaba testimonios en los que, en los asuntos complejos de la vida y el impacto que estos tienen en las emociones, es fundamental usar la oración y no soltarla hasta recibir seguridad en Dios de que el problema está resuelto y nuestra alma tranquilizada.

La oración fue un motor fundamental para todo en su vida. Al preguntarle a una persona muy cercana a Yiye: ¿Cuánto era el tiempo promedio diario que dedicaba a la oración? Su respuesta fue: *«Yiye oraba todo el tiempo»*. Tenía una libreta en la que tenía escrito por lo que se debía orar. Cargaba con ese listado de peticiones. Esto hacía que quienes le acompañaban en la experiencia de la oración hasta perdieran la noción del tiempo.

Tenía lugares designados específicamente para la oración, aunque podía orar en cualquier lugar. Una de los aspectos que más le impactó al periodista Luis Enrique Falú el día que lo entrevistó fue que al llegar en la mañana a su oficina, Yiye estaba encerrado orando. Al recibirlos fue impresionante para Falú encontrarse con esa figura que considera de alto rango espiritual y que lo trató, a él y al camarógrafo, con tanta humildad. El trato fue como si los conociera. No presentó ninguna ínfula de grandeza.

Antes de comenzar la entrevista, Yiye volvió a orar. Cuando terminaron la visita, ¿qué fue lo que Yiye le preguntó? «¿Tú oras?». Ya para irse en el vehículo; ¿qué hizo Yiye? Oró por cada uno de ellos. No en una oración por salir del paso, sino una oración atenta, compasiva y de alrededor de doce minutos por cada uno. De hecho, le regaló una palabra profética de cuyo cumplimiento este periodista secular da fe hoy; una palabra sobrenatural que de forma humana no habría posibilidad de cumplimiento. El periodista quedó impactado por la dependencia del ministro en la oración. Falú le dijo: «De todos los predicadores que hay en Puerto Rico usted es de los más fieles». La respuesta de Yiye fue: «El que ha sido fiel a mí ha sido Dios».

La Biblia dice que donde están dos o tres congregados en el nombre de Jesús, Él está en medio de ellos (ver Mateo 18:20) Para Yiye era importante orar por otros y con otros. Atender las peticiones de oración es una de las grandes fortalezas de su ministerio, con un Departamento de Intercesión que se encarga de recibir las peticiones y de orar por ellas. Las personas en el Departamento de Intercesión tenían turnos y otros estaban desde que se abría el horario de trabajo hasta las cinco de la tarde orando, o sea, prácticamente todo el día. En el ministerio dado por Dios a Yiye Ávila había algunos que no hacían otra cosa que interceder.

> *«El que ha sido fiel a mí ha sido Dios».*

La oración dentro de un ministerio es de suma importancia. En Jesús tenemos el mayor ejemplo. La vida de Cristo fue una de profunda comunión con el Padre. Vez tras vez, ante cada experiencia y desafío, lo primero que siempre hizo fue orar. Tuvo una vida de oración continua, venció al enemigo y venció la muerte. Por su victoria nosotros somos más que vencedores. En ocasiones, por el mismo afán de servicio que pueden tener algunos ministerios, se puede perder el fundamento más importante. Ya lo dijo el Señor:

«Yo conozco tus obras, y tu arduo trabajo y paciencia; y que no puedes soportar a los malos, y has probado a los que se dicen ser apóstoles, y no lo son, y los has hallado mentirosos; y has sufrido, y has tenido paciencia, y has trabajado arduamente por amor de mi nombre, y no has desmayado. Pero tengo contra ti, que has dejado tu primer amor».

—Apocalipsis 2:2-4 (RVR 1960)

Yiye criticaba el hecho de que los creyentes tienen tiempo para muchas cosas, pero no así para lo espiritual. Hay que sacar tiempo para la oración, el ayuno y la lectura de la Palabra de Dios. Estos fundamentos son los que nos dan la victoria en las crisis y nos imparten fe. Yiye dijo: *«no se deben tomar vacaciones espirituales»*.

Cuando la vida espiritual del creyente se enfría, casi siempre es resultado del deterioro de la oración diaria e íntima. Si tienes un hábito de oración activo, conoces muy bien cada uno de sus beneficios. Si aun no has entrado en esta gloriosa disciplina o te has alejado de ella, te invito a que te sumerjas en sus gloriosas aguas. Triunfarás en la fe y mantendrás viva la esperanza. ¡Tendrás las mejores experiencias de tu vida!

EL AYUNO

Es muy común escuchar en el campo de la medicina sobre los beneficios del ayuno y una buena cantidad de personas han adquirido el conocimiento sobre la efectividad que tiene para la salud. Sin embargo, para el tiempo de Yiye no era usual escuchar sobre este tema. El que predicara y enseñara en su época que el ayuno es sanador y que muchas de las enfermedades que el ser humano atraviesa son por el exceso de comida fue visionario. Recalcaba que el ayuno es sanador, contribuye efectivamente a la limpieza de toxinas acumuladas en el organismo y abona a la vitalidad y la longevidad. Pero, por, sobre todo, el ayuno fue un instrumento poderoso y efectivo para alcanzar el pleno crecimiento espiritual y conquistar grandes batallas. La oración se vuelve más victoriosa cuando está acompañada del ayuno.

El avivamiento, la manifestación del poder sobrenatural, lo que hizo que se rompieran los yugos de opresión y el hecho de que millones vinieran a los pies de Cristo fue el resultado de días de encierro en ayuno y oración. No es posible ver tales glorias sin hacer lo básico que Dios nos ha mandado a hacer con vocación y humildad. En 1 de Reyes 21:27-29 encontramos que ayunar trae bendición:

«Y sucedió que cuando Acab oyó estas palabras, rasgó sus vestidos y puso cilicio, sobre su carne, ayunó y anduvo en cilicio, y anduvo humillado. Entonces vino palabra de Jehová a Elías, diciendo: ¿No has visto cómo Acab se ha humillado delante de mí? Pues por cuanto se ha humillado delante de mí, no traeré el mal en sus días».

El Señor le revelaba a Yiye cómo ayunar y por cuánto tiempo hacerlo. Tenía un lugar en el que se encerraba. Lo que hacía era orar y leer la Biblia todo el día. Contrario a lo que dicen la lógica y la razón, mientras trascurrían los días más fortalecido se sentía. Hizo largos periodos de ayuno. La mayoría de ellos fueron de 7, 14 y 21 días. Pero el ayuno que marcó su vida y ministerio para siempre fue el que hizo de 41 días.

El Espíritu Santo le llenaba de fuerzas sobrenaturales, le daba visiones sobre el futuro y abría sus ojos al mundo espiritual. Tuvo visitación de ángeles. Las campañas fueron explosivas, gloriosas, ocurriendo milagros de todo tipo, bautismos del Espíritu Santo y miles de personas entregaron sus vidas a Cristo. Para Yiye todo esto era resultado del ayuno y la oración.

De las experiencias más victoriosas que Yiye tenía en los ayunos era que el mismo Señor se le aparecía. Lo veía y lo escuchaba. El Señor lo tocaba y Yiye tocaba al Señor. Lo sanaba, animaba y le daba instrucciones. Le decía cómo debía hacer las cosas y cómo no hacerlas. En una de esas experiencias el Señor le dio un consejo muy importante: «No toques las puertas de nadie».

En una ocasión estaba acostado en el piso y le pedía fuerzas al Señor porque llevaba 17 días de ayuno. Estaba sumamente cansado y débil, al punto que no se podía sostener en pie y no le salían las palabras. Le clamaba al Señor que le diera fuerzas. En un instante, Jesús se le apareció en su lado izquierdo. En su lado derecho sentía la presencia contundente del Espíritu Santo que lo soplaba como con un viento y lo movía. Ese viento sostuvo su cuerpo y lo lanzó sobre Jesús.

El Señor extendió su mano y con ímpetu lo levantó. Mientras esto sucedía, el Señor le gritó: «¡ven!» Sintió cuando su cuerpo salió del cuarto a gran velocidad. De pronto, ya no estaba dentro de la habitación. En toda la experiencia el Señor estaba al lado acompañándolo. Estaban flotando. Yiye percibía un aroma fresco y respiró profundo. Extendió sus brazos y estaba volando por todas direcciones. La sensación que experimentó era de total descanso y una profunda paz. Luego, descendieron. El Señor lo seguía acompañando en todo momento hasta que sintió que regresó al cuerpo que estaba acostado en el piso de la habitación, y entonces el Señor desapareció.

Cuando escucho a Yiye narrar estas experiencias, tengo convicción de que realmente las vivió. Son demasiado específicos los detalles. Es demasiada la unción que se recibe.

Son demasiados los frutos como resultado de esas experiencias. Amado lector, no puedo dejar de estremecerme y llorar mientras estoy en el teclado escribiendo esto. ¡Dios mío, que glorioso! ¡Siento una gran bonanza en mi interior!

El mensaje constante que salió de los labios de Yiye sobre el ayuno estuvo basado en los siguientes aspectos:

- Cristo utilizó el ayuno para vencer.

- Si ayunamos por las almas, trae salvación a los perdidos.

- El ayuno disciplina el alma.

- A través del ayuno se rompen ataduras satánicas.

- Nos da autoridad y poder para reprender demonios.

- Se debe ayunar por el avivamiento.

- Crea en nosotros disciplina, control de hábitos y superación de adicciones.

- Se debe ayunar para que las vidas tengan sanidad del cuerpo y del alma.

- El ayuno es una herramienta para obtener victorias, incluyendo la propia sanidad del que ayuna.

El ayuno y la oración son necesarios para la consagración y madurez de los creyentes. En propias palabras de

Yiye: «*es un llamado para estar preparados para el rapto*». El ayuno no es una cuestión de si lo deseamos o no, sino que es un precepto establecido por Dios para su pueblo. Cristo lo ordenó y nosotros debemos hacerlo.

Una de las adoradoras que acompañó a Yiye en algunos de sus servicios me dijo unas palabras valiosas para compartirlas:

> *«El gesto del puño al aire es inigualable. Muchos han querido imitarlo. Han querido imitar sus lenguas, pero no imitan los 41 días de ayuno. Eso fue lo que marcó la diferencia en el ministerio de Yiye Ávila. Debemos emular lo de levantarnos a las tres de la mañana a orar. Por la unción se paga un precio».*

CAPÍTULO 11

EL PREDICADOR UNGIDO

«Y ni mi mensaje, ni mi predicación fueron
con palabras persuasivas de sabiduría,
sino con demostración del Espíritu y de poder».
—1 Corintios 2:4 (LBLA)

Cuando escucho predicar a Yiye Ávila, puedo en mi mente hacer un bosquejo y la progresión lógica del mensaje que deseaba trasmitir. Me parece que la disciplina que provee el deporte y las habilidades pedagógicas al ser maestro de profesión se reflejaron en diferentes áreas de su vida y ministerio. En el arte de predicar se manifestaron esas cualidades de estructura y orden. A la misma vez, era flexible, relajado y no siempre totalmente sistemático. Tenía un don divino para la oratoria y se pueden saborear cada una de las ideas que anhelaba proyectar con una gracia sorprendente.

Las mejores ideas eran las que le venían como resultado de doblar sus rodillas ante Dios. Fue palpable su dependencia absoluta del Espíritu Santo, lo que hacía y aun provoca al escucharlo, que los oyentes sean ministrados y bendecidos. La autoridad en su voz, la que generalmente era como de trompeta, impresiona y perdura en el alma. Es claramente percibido que lo que dirigía a Yiye no era el conocimiento humano, sino el poder de Dios. Veamos lo que dice la Biblia en 1ra Corintios 1:21:

«Ya que Dios en su sabio designio, dispuso que el mundo no lo conociera mediante la sabiduría humana, tuvo a bien salvar, mediante la locura de la predicación, a los que creen».

El tipo de predicación que solía hacer es temática. En la predicación temática el expositor se centra en un tema en específico. Yiye fue bien bíblico, así que solía centrarse en lo que la Biblia dice sobre el tema que desarrollaba en la predicación.

LA BIBLIA FUE SU FUNDAMENTO

Cuando escuchamos las predicaciones de Yiye notamos que daba la referencia bíblica para sostener cada una de sus ideas y pensamientos. Constantemente exhortaba al estudio de la Biblia para no ser engañados, ya que esta es totalmente inspirada por Dios. Creía que la Palabra de Dios es más que suficiente en las manos de una persona que ama a Cristo, y que sea dedicada a la oración y al ayuno para mantenerse firmes.

Yiye criticaba el hecho de que la gente fuera arrastrada por doctrinas falsas por no estudiar la Biblia, instando a no creer lo que dicen los hombres, sino a creer lo que dice Dios en su Palabra. La Biblia es la brújula que dirige al creyente, nos lleva a adquirir sabiduría, nos corrige, nos inspira, nos brinda ánimo, nos insta a alabar a Dios, nos ayuda a incrementar nuestra fe, nos exhorta a no pecar, nos sirve de protección de los ataques del diablo y es la fuente para nuestro crecimiento espiritual. Es importante leerla, estudiarla, practicarla y compartirla, de modo que tengamos una mejor relación con los demás y un vínculo más íntimo y estrecho con Dios. Por esto el apóstol Pedro exhorta:

«Deseen con ansias la leche pura de la palabra, como niños recién nacidos. Así, por medio de ella, crecerán en su salvación».

—1 Pedro 2:2

Yiye en sus predicaciones exponía al máximo la sustancia de los textos bíblicos con pasión y tesón. Fue estudiante constante y a la misma vez instructor de la Biblia. Su preparación y experiencia como maestro se notaba en su forma de predicar porque utilizaba distintos mecanismos de enseñanza como los ejemplos, las anécdotas, las comparaciones, las historias y la aplicación.

Predicaba en forma clara, de tal forma que cualquier persona, independientemente de su nivel intelectual, académico o profesional, lo podía comprender. Su impresionante manera de ilustrar y comunicar era un don. En opinión de personas que estuvieron muy cerca de él, Yiye impactaba con su palabra sencilla y no predicaba largo, pero cuando hacía el llamado era impresionante ver cómo las masas corrían para entregarle su vida a Jesús.

CRISTO ES EL CENTRO

Las predicaciones de Yiye siempre fueron Cristo-céntricas. La razón y fundamento de su predicación fue y es Cristo. Como evangelista, su eje central era presentar a Cristo. ¡Jesús es el Señor y el Salvador del mundo! Fue un impresionante ganador de almas. A través de sus predicaciones, tanto presencialmente como por radio y televisión, ganó a millones de personas para Cristo. Han sido muchas las generaciones que han conocido al Señor a través de Latinoamérica y otras partes del mundo por su impactante mensaje de salvación.

Su mensaje fue de tipo soteriológico. La soteriología es la rama de la teología que está centrada en la salvación. En el cristianismo la doctrina de la salvación se fundamenta en la persona de Jesucristo. Creemos que el sacrificio del

Señor en la cruz y su resurrección son la base de nuestra fe. Tal y como lo expone Juan 1:12 (LBLA):

«Pero a todos los que le recibieron, les dio el derecho de llegar a ser hijos de Dios, es decir, a los que creen en su nombre».

Yiye estaba muy claro en su mensaje primordial: Jesús es el único Salvador, el único remedio a nuestras enfermedades porque tiene el poder para sanar, y el único consuelo en medio de nuestros problemas, cualesquiera que estos sean. En las propias palabras de Jesús:

«Yo soy el camino, y la verdad, y la vida...»
—Juan 14:6

Ya sea que te encuentres en medio de un desierto, acabas de salir o sientes que te estás aproximando a uno, en la obra redentora de Jesús esos desiertos en el alma pueden transformarse en agua refrescante. Desde el Antiguo Testamento está clara la función salvadora, sanadora y restauradora de Jesús, como cuando el profeta Isaías establece:

«Él fue traspasado por nuestras rebeliones, y molido por nuestras iniquidades; sobre él recayó el castigo, precio de nuestra paz, y gracias a sus heridas fuimos sanados. Todos andábamos perdidos, como ovejas; cada uno seguía su propio camino, pero el Señor hizo recaer sobre él la iniquidad de todos nosotros».
—Isaías 53:5-6

EL HUMOR EN LA PREDICACIÓN

El tipo de mensaje temático le permitió abordar también temas sociales, asuntos que ocurrían en la iglesia y en el alma de las personas. Yiye demostró un gran asertividad en señalar lo que no estaba bien ni de acuerdo a las Sagradas Escrituras. Fueron predicaciones con un estilo de confrontación, pero de la mano con el amor y hasta el buen humor. Esto hacía que aun el tema más árido y complejo fuera tomado por los oyentes con gracia e introspección.

El humor fue constante en las exposiciones de Yiye porque su temperamento jovial proveía para estos fines. Escucharlo hace que uno delire de la risa. Los predicadores más experimentados saben que el humor es una de las herramientas más valiosas a su disposición. La Biblia habla constantemente de estar gozosos. Me gusta mucho la expresión del apóstol Pablo en medio de un calabozo donde las circunstancias eran de podredumbre y muerte:

> «Alégrense siempre en el Señor. Insisto: ¡Alégrense!».
>
> —Filipenses 4:4

La vida cristiana es una fuente de alegría y bienestar. ¡Qué frustrante es ver a un cristiano amargado! En este transitar tendremos momentos duros y complejos, pero no debemos abrazarnos a la aflicción.

Nos sentimos identificados con quienes ríen, por eso un predicador como Yiye nos parece cercano a nosotros. Además, recordamos mejor lo que nos hace reír, en parte, por eso es que las frases que comúnmente usaba Yiye han quedado impregnadas en la memoria de muchas personas. Al disfrutarlas se graban con mejor precisión en la mente.

Las anécdotas, testimonios, descripción de visiones y los elementos divertidos que Yiye utilizaba en sus predicaciones nunca dejaron de estar asociados al poder y la fuerza del Espíritu Santo y la efectividad de la Palabra de Dios como el fundamento.

El humor comunicativo fue utilizado magistralmente por Yiye cuando el mensaje a transmitirse era fuerte. El señalamiento de pecado, el desafío a la obediencia o la amonestación son mensajes que pueden resultar algo complejos tanto para quienes los dan como para las personas que los reciben. Por esta razón, es una extraordinaria revelación utilizar el humor para contrarrestar el malestar y desencadenar una autoevaluación con gozo, paz y hasta risas.

DOMINABA LA ESCATOLOGÍA

Yiye ministraba en temáticas escatológicas. La escatología es una parte de la teología que se enfoca en estudiar los tiempos finales. La escatología bíblica estudia el tema de la muerte y la vida después de la muerte, el cielo y el infierno. Temas como el rapto, la segunda venida de Jesucristo, la resurrección de los muertos son la esperanza de los cristianos. Abarcó temas como la gran tribulación, cielo nuevo y tierra nueva.

Es interesante que el Espíritu Santo le permitió a Yiye tener una infinidad de experiencias relacionadas con el rapto de la Iglesia y narraba algunas en sus predicaciones. Enseñaba que en un abrir y cerrar de ojos, en un segundo no estaremos en un cuerpo como el que estamos ahora, sino en un cuerpo espiritual. Yiye tenía total convicción de que el rapto sucedería en cualquier momento. Repitió muchas veces que la trompeta sonará y que el pueblo del Señor será arrebatado al cielo, tal y como lo dice en 1 Corintios 15:51-52 (RVR 1960):

> «He aquí, os digo un misterio: No todos dormiremos; pero todos seremos trasformados, en un momento, en un abrir y cerrar de ojos, a la final trompeta; porque se tocará la trompeta, y los muertos serán resucitados incorruptibles, y nosotros seremos transformados».

Yiye esperaba con tanta fe el arrebatamiento de la Iglesia, que tenía total convicción de que él no vería la muerte, sino que creía que en cualquier momento se iría «*volando*». Había tenido unas experiencias que lo habían llevado a esta interpretación. En todas sus predicaciones tocaba el tema del arrebatamiento de una forma u otra y lo hacía con mucha pasión.

Todos los que predicamos debemos transmitir los mensajes con seguridad y fuerza, siempre teniendo conciencia de que esto es resultado primario de una relación íntima y personal con el Espíritu Santo. Lo que ocurre en un altar tiene que ser el efecto de lo que sucede primero en la intimidad del predicador con Dios. En palabras de Yiye: «*lo primero que tiene que haber es ayuno y oración*».

CAPÍTULO 12

HASTA LUEGO, YIYE

«He peleado la buena batalla, he terminado la carrera, me he mantenido en la fe. Por lo demás me espera la corona de justicia que el Señor, el juez justo, me otorgará en aquel día; y no solo a mí, sino también a todos los que con amor hayan esperado su venida».
—2 Timoteo 4:7-8

Yiye Ávila se muda a la presencia del Señor el 28 de junio de 2013 con un fuerte dolor de pecho y de la forma más sublime, esto es, orando. Fue un momento de complacencia el encuentro con su creador, su amigo y su salvador.

Con millones de vidas tocadas por su ministerio, con números impactantes de almas convertidas en sus campañas porque le daba importancia al conteo de vidas, con testimonios poderosos de sanidades físicas y emocionales, con liberaciones espirituales sorprendentes, con una amplia impartición de avivamiento a las naciones y siempre reconociendo que todo lo hizo el Señor y para su gloria, partió de este mundo al encuentro eterno, el que amaba a Jesús con todas las fuerzas de su vida.

Había sufrido algunos infartos y tenía un diagnóstico de demencia vascular. Algunas personas que estuvieron muy cerca de Yiye refieren que casi no descansaba, que fue una persona muy sacrificada por las almas y por el ministerio, y que esto lo pudo haber conducido al deterioro en su cuerpo. Su misión lo dirigía a ir más allá de aspectos físicos. Su enfoque era espiritual.

Yiye enseñaba que el cuerpo terrenal no es muy efectivo porque puede sufrir de enfermedades, se agota, se cansa y está limitado por el tiempo. Pero sobre todo enfatizaba que los hijos de Dios serán como los ángeles y que la muerte no tendrá ninguna potestad. Esto está alineado con lo que dice 1era de Corintios 15:54-55 (RVR 1960):

«Y cuando esto corruptible se haya vestido de incorrupción, y esto mortal se haya vestido de inmortalidad, entonces se cumplirá la palabra que está escrita: Sorbida es la muerte en victoria.

¿Dónde está, oh muerte, tu aguijón? ¿Dónde, oh sepulcro, tu victoria?».

En la entrevista de Casa Creación se le hicieron varias preguntas asociadas al final de su vida. Una de ellas fue: «¿Yiye, ¿cómo espera ser recordado?». Entre las cosas que contestó, con la humildad que le caracterizaba, dijo:

«Quiero ser recordado por la sinceridad en el ministerio en el que se le ha dado importancia a atender las peticiones de oración de las personas. Quiero ser recordado por los muchos milagros que ocurrieron a través de las campañas en todos esos países y las muchas almas que se convirtieron».

Esto lo contestó sin dejar de hacer bromas y dentro del marco de su sentido del humor único, recalcando que él no veía la muerte. Yiye estaba convencido de que él nunca pasaría por el proceso de la muerte. Tenía plena convicción de que se iría en el rapto. Tenía esa fe y era su anhelo más grande permanecer vivo hasta que sonara la trompeta.

Se le preguntó si hubiera hecho algo diferente en su vida. Respondió:

«Yo oro a Dios y le pregunto por qué yo vine a convertirme cuando tenía 30 años. Me hubiera gustado empezar a predicar antes. ¿Por qué Tú no me dijiste antes para empezar? Ahora le caería como el mata piojos (expresión puertorriqueña que implica insistencia). Es que no hay nada más importante y ocupa mayor bendición de que la gente no se vaya al infierno, que predicar el mensaje de salvación. Este es el punto importante».

Para Yiye no hubo bendición más grande que ver las vidas acudir al llamado de salvación, verlas libres del pecado y de la enfermedad. Su caminar con Dios fue uno de mucho sacrificio. Hubo un precio que pagó. ¡Un precio muy alto! En la entrevista reveló que hubo tres cosas importantes que tuvo que entregar por amor de Aquel que lo salvó:

«Tuve que entregar el magisterio, renunciar a la práctica del deporte que era mi pasión y como si fuera poco, fueron muchas las ocasiones que me tuve que apartar de mi familia. Le doy gracias al Señor por mi esposa Yeya, quien se dedicó por entero al hogar y al cuidado de mis hijas. No fue fácil, pero Dios tuvo cuidado de ellas».

Después de estar sirviendo al Señor por tantos años firmemente, y luego de ver tantas personas convertidas, ¿cómo será ese momento de ir a la presencia del Señor? Yiye dijo:

«¡Ese es mi anhelo más grande! ¿Quién no quiere irse para el Cielo?».

Al preguntarle: ¿Qué le va a decir al Señor cuando esté en su presencia? Contestó entre carcajadas:

«Lo mismo que le digo todos los días aquí mientras estoy vivo: que lo amo con todo mi corazón. Quiero que el Señor vea que todo lo que he hecho es porque lo amo».

Se le preguntó también: «¿Usted ha visto algún crecimiento o cambio a través de los años en el liderato de la iglesia?». Yiye contestó:

«Mientras los años se acercan, pues hay un temor de muchos porque Jesucristo dijo que cuando suene la trompeta unos serán tomados y otros serán dejados. Dijo que a los tibios los vomitaría de su boca. Hay una inquietud

sólida de la gente al ver que las cosas se están cumpliendo y que unos se van y otros se quedan. Seremos levantados y eso será una cosa extraordinaria. Pero hay inquietud de buscar a Dios. Dado el tiempo, según lo que dice la Palabra, en cualquier momento el Señor se llevará a los que estén firmes. El que se quede pasará por la gran tribulación. El diablo tendrá control de todas las cosas. Los que se queden van a saber lo que es el anticristo. Van a tener que correr a esconderse. Será una época de muchos retos. Esto es lo que siempre voy a predicar. Los que se queden van a saber lo que es la gran tribulación. Hay que estar calientes, bajo el fuego. Nos vamos con el favor de Dios».

Según el historiador Mario Ramos, en su columna del periódico El Vocero: «*Gigante en el amor y el perdón*» a Yiye lo reconocían más en muchos países de Latinoamérica, de lo que era reconocido en Puerto Rico. En otras partes del mundo han podido valorar más su legado y entender el impacto de su vida en el evangelio. En sus propias palabras:

«*Su muerte fue noticia en múltiples periódicos y medios de prensa latinoamericanas. Pusieron banderas a media asta*».

Luis Enrique Falú manifiesta, reflexionando sobre su muerte, que es una gran pena haber perdido a un hombre así: un ministro que nunca tuvo escándalos, de un testimonio público intachable, que nunca se metió en temas de política. Si participaba en eventos con políticos era para orar por ellos, pero no asumía posturas partidistas. Nunca tuvo tampoco un señalamiento de mala administración de su ministerio.

La honra y el respeto hacia la persona de Yiye Ávila no solo vienen del pueblo cristiano, sino también de personas que no se identifican con ninguna religión. De hecho, en algún momento alguien le preguntó qué religión seguir. Yiye le dijo: «*No busques una religión. Busca a Dios primero que Él te mostrará el camino que debes seguir*».

DIOS HA HONRADO AL HUMILDE

«Porque Jehová es excelso, atiende al humilde, mas al altivo mira de lejos».
—Salmos 138:6 (RVR 1960)

Es común escuchar a gente que conoció personalmente a Yiye decir que algo que lo caracterizaba era SU HUMILDAD, cualidad que hemos ya comentado en expresiones de algunas personas. Escribo esto con todas las letras en mayúscula porque la humildad debe ser resaltada. Como cristianos, y más como ministros, la humildad no es una opción, sino un requisito innegociable para quien sirve al Señor. Si somos imitadores de Cristo, la humildad debe ser una de nuestras características predominantes.

El interés de Dios no es buscar estrellas resplandecientes para ser admirados, adulados, reconocidos y recibir pleitesías. Todo apunta a que el Señor prefiere vasos de barro para administrar lo que Él y solamente Él deposita en nuestras manos para que su nombre sea glorificado. Hasta el mismo Jesús demostró que no le importaban los reconocimientos. El Señor todo lo hacía para que el Nombre del Padre Celestial recibiera toda la gloria, honra y el honor. Veamos lo que dice Juan 14:13:

«Cualquier cosa que ustedes pidan en mi nombre, yo la haré; así será glorificado el Padre en el Hijo».

Muy pocas cosas ejercen tanta autoridad y manifiestan tanta unción como la humildad en el alma de un siervo de Dios. De hecho, la altivez provoca bloqueos para un genuino mover espiritual y cierra puertas. Mientras que cuando se es humilde las puertas se abren. Al ver que alguien vive y manifiesta la humildad en el trato a las personas, en la forma de ministrar, de exponer la Palabra de Dios y de tomar decisiones, podemos conectar con que es un seguidor genuino de Jesús.

Estoy segura que la vida de oración de Yiye contribuyó a la humildad. Cuando oramos quitamos la visión de nosotros mismos y mantenemos nuestros ojos en la gloria de Dios. Lo importante no es que los ojos de los hombres estén sobre nosotros, sino que estén puestos sobre Dios y sus portentos.

En una ocasión llegó un cantante muy famoso hasta la oficina de Yiye para que le orara. El cantante comenzó a exaltar a Yiye diciéndole un sinnúmero de nombres y adjetivos como *«profeta, apóstol en este tiempo, representante de Jesús»*, entre otros. Yiye hizo una oración por él. Cuando el hombre se marchó, Yiye le dijo al director espiritual del ministerio: ¿Sabes qué somos tú y yo? Somos rajas de leña (lo que quiere decir madera inservible, o se refiere también a inhábil o torpe). *«Sin el Señor no somos nada»*.

A Yiye nunca le interesaron las deferencias, ni los reconocimientos. Pero Dios es fiel a su palabra de exaltar al humilde. Fue recibido por presidentes y gobernadores de diferentes partes del mundo. Le entregaron placas, banderas de países, llaves de países, entre otros reconocimientos. Los gobernantes lo recibían como si fuera un embajador, se reunían con Yiye y él les oraba.

La Cámara de Representantes de Puerto Rico, el 14 de mayo de 2001, realizó un homenaje en el que fue reconocida su trayectoria evangelística por la celebración del ministerio en sus 40 años de servicio. En aquel momento el presidente de la Cámara era el Honorable Carlos Vizcarrondo.

El 12 de marzo de 2012, un año antes de su muerte, el Senado de Puerto Rico bautizó oficialmente uno de los salones del Capitolio en el edificio Baltazar Corrada del Río con el nombre José Joaquín «Yiye» Ávila. En una concurrida actividad se hizo el corte de cinta. Los autores de la resolución fueron el entonces presidente del Senado, Thomas Rivera Schatz, y la Senadora Kimmey Raschke. La medida fue aprobada por unanimidad.

Muchos líderes de Puerto Rico se dieron cita para participar del homenaje a Yiye, que en aquel momento tenía 86 años. Estuvo presencialmente en la actividad con su hija Doris y varios de sus nietos. Se puso de pie para saludar a cada uno de los oradores que lo elogiaron y caminó hasta el podio para abrazar a su hija y a los autores de la medida.

Entre otros reconocimientos, el tramo de la carretera PR-2 que discurre entre el pueblo de Hatillo y Aguadilla lleva el nombre de Yiye Ávila. El Gobernador Alejandro García Padilla firmó la medida una vez fue aprobada por la Cámara de Representantes y el Senado de Puerto Rico. La propuesta para nombrar esa parte de la vía fue presentada el 19 de julio de 2013, dos semanas después de la muerte de Yiye, por el presidente de la Cámara de Representantes, en ese momento, Jaime Perelló, y por el Representante Carlos Hernández Alfonzo.

La medida que fue aprobada por unanimidad en el Senado plantea lo siguiente:

> «*La Cámara de Representantes del Estado Libre Asociado de Puerto Rico estima impostergable resaltar la obra y legado del siempre recordado "Yiye Ávila", pues independientemente de la diversidad de las creencias e ideologías que convergen en la sociedad puertorriqueña, figuras como Don "Yiye Ávila" merecen ser destacadas. Son figuras como él, las que ejemplifican al ciudadano puertorriqueño que lucha por defender aquello en lo que cree, convirtiéndose en la voz de los que necesitan ser escuchados*».

El Representante Hernández Alfonzo expuso en un comunicado de prensa:

> «*"Agradezco a ambas delegaciones en el Senado por haber aprobado nuestra medida y de esta forma honrar a Yiye como todos cariñosamente lo conocimos, al nombrar este tramo de la carretera número dos con su nombre. Yiye fue un camuyano* (del pueblo de Camuy) *que dedicó su vida a servir a los demás, a llevar el mensaje de paz y de amor entre nosotros los seres humanos, es digno de homenajear y reconocer". La medida reseña que "Yiye Ávila" fue un camuyano que se dio a conocer alrededor de toda Hispanoamérica como*

evangelista y predicador a través de su ministerio cristiano y su incansable tarea de llevar la palabra de Dios a todos los rincones posibles del mundo hispanohablante».

En una ocasión mientras estaba en ayuno y oración, como a las cuatro de la madrugada, Yiye escuchó un ruido y al abrir los ojos tenía una persona parada frente a él. Miró y vio que estaba vestido de blanco. El cabello le caía sobre los hombros y su espíritu le dio testimonio de que era Jesús, el Señor. Estaba atónito y no pudo articular palabras. Tampoco se podía mover. El Señor se paró al lado derecho de Yiye. Extendió el brazo izquierdo y lo puso encima de su espalda y la mano le quedaba en la cintura. Comenzó a hablarle y le dijo: «Yiye, sonríe».

A Yiye se le hizo difícil sonreír al escuchar aquella voz porque estaba tenso al tener a su lado al Rey de reyes y al Señor de señores. Con lentitud Yiye agarró de la muñeca a Jesús. Pudo percibir que era la mano de un hombre. Un brazo de carne y hueso. Luego de un instante, percibió que el Señor desapareció de su lado. Entonces pudo comprender que el cuerpo de gloria es un cuerpo físico. Cuerpo de carne y hueso, pero glorificado.

Sin lugar a dudas el homenaje más glorioso fue el que tuvo que haber recibido Yiye cuando llegó a las moradas celestes. ¡Cuando por fin se encontró para siempre con el gran amor de su vida! Es como si en este momento pudiera ver a nuestro amado Señor Jesucristo dándole un abrazo a Yiye diciéndole: «*Bienvenido. Sonríe. Entra en el gozo de tu Señor*».

¿DÓNDE ESTÁ LA NUEVA GENERACIÓN QUE MANIFIESTE EL PODER DE DIOS?

«Y a la verdad yo te he puesto para mostrar
en ti mi poder, y para que mi nombre
sea anunciado en toda la tierra».
—Éxodo 9:16

¡El Señor nos bendiga con el rocío de su Espíritu y nos dé días iguales o mejores con la visión del ensanchamiento de las estacas del Reino de Cristo!

¡El Señor tenga a bien concedernos en nuestra época otros meteoros relucientes que reflejen con potencia la Soberanía de Dios!

¡Que sea manifestado con fuego su poder!

¡Que se exponga el resplandor de la luz de Cristo con entereza, carácter, respeto, conocimiento, sabiduría, destreza y sobrada pasión!

¡Que el mundo sea sorprendido viendo la manifestación de milagros, maravillas y portentos!

¡Que cada día haya más y más personas con una sed infinita de alcanzar la estatura de Cristo!

Yiye se ha ido de este mundo. Nadie podrá ser su remplazo, pero es una destacada inspiración para la nueva generación de ministros. Situaciones complejas y desafíos pueden presentarse para ser verdaderos embajadores del Reino de Dios, mas con autoridad y valentía poseemos la herramienta para triunfar: el nombre de Cristo.

Manifestar el poder de Dios a través de nuestras vidas no llega sin reto o esfuerzo. Este suele ser un camino de resistencia y una carrera de larga distancia. Puede ser común debilitarnos, en el cuerpo y en el alma. A veces podemos sentir que no tenemos mucho más para dar. Llegan las batallas en la mente, las crisis de fe y el cansancio. Yiye ve estas experiencias como un ataque de los dardos del maligno. En sus propias palabras expresó:

> «eso es típico del evangelio sobre todo cuando uno está tratando de hacer el máximo para el Señor. Satanás nos da con todo. Nos pide como pidió a Job. Hemos tenido pruebas y batallas tremendas, pero Dios no nos ha fallado nunca. Siempre nos ha ayudado y nos ha fortalecido. Nos ha ungido para poner al diablo bajo nuestros pies. Pero esa ha sido la lucha todo el tiempo, hasta ahora, que vamos a entrar en profundidades mayores».

Se le preguntó a Yiye qué le aconsejaría a la nueva generación de ministros que se está levantando. Esto fue lo que respondió:

> «Lo primero que les tengo que aconsejar es que tienen que imitar a Jesucristo. Dice la Biblia que

Jesús, cuando era muy de noche, estaba en el monte orando. Si tienen sus casas no tienen que ir a ningún monte, pero sí madrugar y orar. Tengan un buen período de oración para que preparen sus días para las bendiciones que Dios les quiere dar; este es un punto bien claro. La Biblia dice que hay demonios que no salen si no es con oración y ayuno. Pídanle a Dios que los dirija, orando y ayunando. El que se esfuerza y trabaja, Dios lo aprovecha».

«Hay una gran necesidad de Cristo, de cómo el Señor da la paz y el gozo. No fuercen ni empujen a nadie. Las cosas no funcionan así, sino solo aconsejarlos».

¿Cuáles son las enseñanzas más contundentes que podemos derivar de Yiye Ávila?

Si algo tengo que concluir al sumergirme en las aguas profundas de su vida es que estaba lleno de sabiduría. Mas allá del conocimiento humano, estaba saturado de la revelación de Dios. Enseñó con palabras, pero, sobre todo, con su ejemplo.

Te invito a entrar en un ejercicio introspectivo, que hagas un viaje por tus adentros, para que puedas evaluarte a ti mismo frente al espejo de Yiye. Tienes un espacio para reflexionar y escribir.

Algunas de las lecciones que podemos derivar de la vida de Yiye Ávila son las siguientes:

- **Ama al Señor sobre todas las cosas.**

Yiye sintió un profundo amor por Jesucristo. ¡Amar al Señor lo es todo! Cuando amamos a quien servimos trabajamos con pasión, entusiasmo y dinamismo. No será una carga, sino un deleite que nos llena por completo. En lugar de agotarnos, las fuerzas se renuevan por causa del amor a Aquel que nos llamó a servirle. Su amor por el Señor era lo que provocaba que pasara tantas horas en su presencia en lo que parecía un profundo magnetismo. Cuando amamos buscamos acercarnos al ser amado.

Reflexión:

_____

_____

_____

_____

_____

_____

_____

_____

- **Depende de la Palabra de Dios.**

Dedicó muchas horas de estudio a la Biblia. Se sumergió, examinó y escudriñó las Sagradas Escrituras, no solo para su formación personal, sino también para enseñarla con autoridad y poder. La Palabra de Dios es la brújula que siempre nos mostrará el camino por el que debemos andar. No solo encontramos en ella dirección, sino también esperanza, consuelo, ánimo y paz. En su palabra encontramos las respuestas que buscamos. Yiye la valoró, la digirió, la creyó y, sobre todas las cosas, la vivió.

Reflexión:

_____

_____

_____

_____

_____

_____

_____

_____

- **Ama a los demás.**

Amó y sirvió a las personas. Estaba lleno de gracia y poseía una alta inteligencia social. Hay que amar a quien le predicamos, ministramos y servimos. No podemos permitir que el amor se agote porque entonces el dar a los demás se convertiría en obligación y dejaría de ser una bendición. Es peligroso cuando se pierde el gozo de servir porque se ha agotado la fuente del amor. Amar a los demás no solo es un mandato bíblico, sino también una fuente de gozo y paz. Estar cerca de Yiye era una experiencia de sentir el amor de Dios porque lo emanaba por todo su ser. Lo reflejaba a través de sus actitudes, decisiones y sus comportamientos. Sobre todo, en ese amor por las vidas su mayor anhelo era que todas las personas tuvieran un encuentro con Jesucristo como Salvador.

Reflexión:

- **Procura mantener una mentalidad de unidad.**

Uno de los aspectos que caracterizó a Yiye, y que muchos no comprendieron, fue el que trabajara de forma unida con todas las denominaciones eclesiásticas. Procuró ser de bendición para las iglesias y los diferentes concilios. Tenía una mentalidad de apoyo y ayuda, sin negociar la esencia y fundamento bíblico. Recibió el respaldo de diferentes organizaciones y pastores, por encima y más allá de las diferencias doctrinales. Se enfocó más en aquello que les unía en lugar de destacar lo que les separaba. La unidad es el herbicida que mata los espinos del separatismo y la individualidad.

Reflexión:

_____

_____

_____

_____

_____

_____

_____

- **No hables negativamente de las personas.**

Nunca permitió que frente a él se hablara de forma negativa sobre ningún ministerio, ni de ningún ministro de Jesucristo. De hecho, era una regla importante en sus oficinas. Este es un fundamento para Dios como lo vemos en Levítico 19:16:

«No andarás de calumniador entre tu pueblo; no harás nada contra la vida de tu prójimo; yo soy el Señor».

En Proverbios 6:16-17 dice:

«Hay seis cosas que el Señor aborrece, y siete que le son detestables: los ojos que se enaltecen, la lengua que miente, las manos que derraman sangre inocente, el corazón que hace planes perversos, los pies que corren a hacer lo malo, el falso testigo que esparce mentiras, y el que siembra discordia entre hermanos».

Reflexión:

_____

_____

_____

_____

_____

- **Hay que perdonar a quien nos ha lastimado.**

Yiye perdonó incondicionalmente. No existe absolutamente nada en este mundo que no se pueda perdonar. No hay otra forma de ser felices y navegar por inmensos mares de victoria, sino es perdonando a quien nos hirió. No siempre la parte ofensora reconocerá el daño que nos ha hecho, ni tampoco tendremos siempre la oportunidad de que quien nos lastimó nos pida perdón en la forma en que lo necesitamos, pero nosotros debemos perdonar para ser libres al soltarnos de las cadenas de la opresión del dolor emocional. El perdón es una de las manifestaciones más poderosas de que Cristo vive dentro de nosotros.

Reflexión:

_____

_____

_____

_____

_____

_____

_____

- **Es importante mostrar compasión por las personas.**

La compasión es un gran valor dentro de la vida cristiana. Si somos verdaderos imitadores de Jesús la compasión debe ser parte de nuestro perfil. Yiye continuamente mostró empatía y comprensión hacia el sufrimiento de los demás, incluyendo a las personas que le hicieron daño con quienes tuvo un alto sentido de tolerancia. No trató a nadie como si fuera inferior. Muchas fueron las ocasiones en que por causa de la compasión que sentía ayudó a otras personas en sus necesidades.

Reflexión:

_____

_____

_____

_____

_____

_____

_____

- **La humildad nos hace grandes.**

Siempre se mantuvo con un carácter humilde y sensible. Independientemente de cuán alto el Señor nos lleve en reconocimiento y admiración pública, la humildad siempre debe ser el estandarte. Hay que tener los pies en la tierra. Las victorias ministeriales nunca deben desenfocarnos de a quien le pertenece la gloria, la honra y el honor. La humildad es lo que hace verdaderamente grande a un ministro del Señor Jesucristo. La integridad se fusiona a la humildad y estas virtudes parecen estar en total peligro de extinción.

Reflexión:

_____

_____

_____

_____

_____

_____

_____

_____

- **El respeto público trae honra.**

Yiye fue respetado públicamente por todos. El respeto es la consideración y valoración especial que se le tiene a alguien por algo, al que se le reconoce valor social. Aun personas no cristianas lo reconocieron y todavía al día de hoy lo admiran. En las tierras del mundo que pisó, cuando se menciona su nombre la reacción de la gente viene acompañada de una deferencia especial. Inspiró y dio ejemplo, por lo que ha ganado el aprecio de muchos. Este libro es parte de esa honra y ese respeto.

Reflexión:

- **La simpleza es una belleza.**

En un mundo donde las personas tienen una tendencia a complicarse la vida o a tener extravagancias, la simpleza puede ser una belleza difícil de comprender. La simpleza y sencillez en Yiye fueron admiradas por todos aquellos que lo conocieron bien. Por ejemplo, nunca solicitó viajar en primera clase en avión, y tampoco exigía que lo hospedaran en un hotel cuando iba a los distintos países a predicar. Prefería pernoctar en casas de hermanos en la fe. Allí, su equipo de trabajo debía levantarse a las cuatro de la madrugada a glorificar a Dios y a orar. La iglesia de Jesucristo, sobre todo el liderazgo, necesita permanecer en el más alto de los principios: todo se trata de Dios y no de nosotros.

Reflexión:

_____

_____

_____

_____

_____

_____

- **Las armas espirituales son las que dan la victoria.**

Procuremos no ser frívolos y poco intencionales en la oración. Los ministros del Evangelio de Cristo no debemos decaer en este sagrado oficio y deber. La responsabilidad que descansa sobre nuestros hombros, como quienes han de dar cuenta ante Cristo por las almas que nos confió en nuestras manos, demanda nuestra intencionada dedicación a la poderosa herramienta de la oración. El ayuno y la oración son las armas fundamentales para la victoria en la vida cristiana. Horas, días y semanas en un alto nivel de intimidad con el Señor y sumergidos en su presencia hacen que se vivan experiencias extraordinarias. Yiye oraba con una libreta en la que estaban las peticiones. Sus oraciones estaban enmarcadas dentro de un propósito y se realizaban de forma muy intencional. Su equipo de trabajo debía levantarse a las cuatro de la madrugada a orar. Su oración era profundamente simple y simplemente profunda.

Reflexión:

_____

_____

_____

_____

_____

- **Descansemos en la seguridad de que tenemos quien nos defiende.**

No debemos entrar en una dinámica de estar a la defensiva cuando hemos sido calumniados. Cuando decían cosas negativas sobre Yiye de forma injusta, prefería esperar la defensa del Señor. Como creyó totalmente la Palabra de Dios, incluyó este poderoso texto bíblico: «*Encomienda al Señor tu camino; confía en él, y él actuará. Hará que tu justicia resplandezca como el alba; tu justa causa, como el sol de medio día*» (Salmos 37:5-6). Nunca se le vio acusar, ni señalar a ninguna persona.

Reflexión:

_____

_____

_____

_____

_____

_____

_____

- **Hay que ser feliz y disfrutar a plenitud la vida.**

Vivimos en una época en la que hay muchas tensiones, estamos rodeados de malas noticias y nos acapara un ritmo de vida acelerado. Independientemente de esto, el decidir feliz y vivir de la forma más plena posible es una asignación que no se puede dejar pasar. Yiye manifestó un temperamento jocoso. Se reía y hacía reír. El humor es un don del cielo. Debemos reírnos tanto como podamos y ser instrumentos para que otros rían también. Contagiaba a todos con su buen humor, el que utilizaba magistralmente en la predicación de la Palabra de Dios. En todo lo que hacía era común verlo con una gran sonrisa y con una habilidad impresionante para hacer bromas.

Reflexión:

- **Debemos permanecer donde Dios nos ha puesto.**

Debemos responder con total fidelidad a quien nos ha llamado y escogido. Una de las demostraciones más contundentes de que somos fieles al Señor es que por encima de todo, permanecemos donde Dios nos ha colocado. Como en la vida de Yiye, es normal que surjan obstáculos y que se levanten gigantes, pero por encima de todo, debemos mantenernos en obediencia a Dios porque esta siempre trae bendición.

Reflexión:

- **Cree que en Cristo todo es posible.**

El poder del Señor es inimaginable, inexplicable e infinito. Yiye vio paralíticos correr, ciegos ver, mudos hablar, sordos escuchar, piernas crecer, tumores desaparecer, pies planos tener curvaturas, confinados ser libres en la cárcel, miles de almas convertirse en un mismo día, presenciar las manifestaciones del Espíritu Santo y mucho, mucho más; tenía convicción plena en el poder de Dios y total seguridad de que no hay nada imposible para Él. Tal y como lo dijo Jesús: «*Lo que es imposible para los hombres, es posible para Dios*». (Lucas 18:27)

Reflexión:

_____

_____

_____

_____

_____

_____

- **Las tormentas de la vida reflejan nuestro verdadero carácter.**

Las pruebas y las dificultades son la mayor escuela de quien es Dios y de cómo Él hace las cosas. Los momentos más duros y crueles de la vida nos hacen conocer áreas del carácter de Dios que no conocíamos y nos conectan con lo que somos capaces de hacer por medio de la fortaleza que el Señor nos da. Todo es por la gracia de Dios y esa es la que siempre nos sostiene.

Reflexión:

_____

_____

_____

_____

_____

_____

_____

_____

FRASES INMORTALES

«Porque no sois vosotros los que habláis,
sino el Espíritu de vuestro Padre que
habla en vosotros».
Mateo 10:20 (RVR 1960)

Las palabras no se las lleva el viento. Hay palabras que, aunque las hayamos escuchado hace mucho tiempo, quedan registradas en el cerebro y marcadas en el corazón. Por eso es que siempre debemos tener cuidado con lo que hablamos. Podemos marcar la vida de las personas para siempre con esas ondas sonoras que salen por nuestra boca cargadas de enfermedad o salud, angustia o paz, muerte o vida, maldición o bendición.

Gran parte de lo que todos somos hoy y de cómo nos vemos a nosotros mismos tiene que ver con las palabras que recibimos de otras personas. Inclusive, pueden influenciar nuestro concepto de la vida y hasta de Dios. Sobre todo, si las personas que emiten las palabras tienen autoridad.

En el carisma y la espontaneidad que caracterizó a Yiye Ávila, utilizó expresiones y frases que revelaron su carácter, espiritualidad, conocimiento bíblico y dominio de la homilética. Aunque ha pasado el tiempo, esas palabras han quedado grabadas. No han podido ser borradas en el alma de millones de personas alrededor del mundo. Cuando se leen o se escuchan, de forma automática nos hacen pensar en Yiye.

He aquí algunas:

«SONRÍE QUE CRISTO TE AMA».

«¿Quién nos separará del amor de Cristo? ¿Tribulación, o angustia, o persecución, o hambre, o desnudez, o peligro, o espada?»
—Romanos 8:35 (RVR 1960)

La frase «Sonríe, que Cristo te ama», Yiye la utilizaba como un mecanismo para suavizar y añadir humor, como ya hemos mencionado, en los momentos en que usaba la confrontación en sus predicaciones. La expresaba riéndose de una manera contagiosa, logrando el balance entre un mensaje fuerte y restaurador a la vez. Es importante lograr introspección a través de la confrontación, pero sin dejar de experimentar el amor del Señor. Su amor se manifiesta en medio de los retos hacia la obediencia.

«Sonríe, que Cristo te ama» propició un conocimiento introspectivo en Yiye de quien impartía la paz y el gozo verdadero que se transforma en el amor más puro y digno impartido al ser humano en Cristo Jesús. El sonreírle a Cristo es sinónimo de gratitud y aceptación del amor de Dios en nosotros. Debemos reír porque nuestro llanto se ha convertido en gozo. Yiye conoció cómo convertir el llanto y el dolor en gozo, y a cada circunstancia que le aconteció en su vida aprendió a enfrentarla hasta que de sus labios floreció la risa porque Cristo lo amó primero.

Por lo tanto, te digo hoy, independientemente de tus circunstancias: «Sonríe, que Cristo te ama».

Solo en Cristo está la fuente del gozo infinito. Los seres humanos pueden buscar muchas cosas para ser felices como: el alcohol, las drogas, la pornografía, las adicciones al juego, el dinero, la codicia, las codependencias, entre otras. Sin embargo, solo en el amor de Cristo hay delicias y plenitud de gozo. El gozo que Cristo nos da nos hace sonreír, el mundo no lo puede dar, pero tampoco lo puede quitar.

Mucha gente ha tenido la experiencia de que nadie o muy pocas personas en sus vidas los han amado saludablemente. Han vivido la triste realidad de que personas que se suponía que les protegieran y les cuidaran, no lo hicieron. Sus historias de vida demuestran todo lo contrario. Han recibido maltrato emocional, físico, sexual, abandono o rechazo de quien esperaban amor. «Cristo te ama» es la realidad de que cuentas con el amor del Señor siempre.

Independientemente de cuál haya sido tu historia o los asuntos complejos que puedas estar atravesando en este periodo de tu vida, creo que hoy es para ti como si escucharas al Señor decirte: «Sonríe, que yo te amo».

¿A SU NOMBRE? ¡GLORIA!

«Porque de él, y por él, y para él, son todas las cosas. A él sea la gloria por los siglos. Amén.»
—Romanos 11:36 (RVR 1960)

Un vistazo a la gloria de Dios nos arranca de golpe los trofeos en los estantes y las medallas que podemos por ilusión creer que pertenecen a nuestro pecho. Nada es por nosotros. Somos instrumentos en sus manos por gracia. Vasos usados por misericordia, eso es lo que somos. Ser conscientes de quien es Jesús en nosotros nos sensibiliza hacia la humildad y a reconocer cuál es nuestro lugar ante Dios.

Admirar y sentir Su gloria nos despoja de los títulos que pueden hacer sentir a algunos en los topes de las tarimas. Nos baja del pedestal en que otros pueden ponernos. La gloria impartida nos hace reconocer que las cosas terrenales no se comparan al esplendor de lo que Dios es y reconocer la magnitud y el poder de Jesús que sobrepasa todo reconocimiento terrenal, nos contacta con nuestra frágil humanidad.

Es una verdadera tragedia cuando nos creemos merecedores del lugar que solo le pertenece a Cristo. En esto Yiye estaba muy claro y lo enseñaba constantemente: la gloria solo le pertenece al nombre que es sobre todo nombre, el nombre de Jesús.

Cuando entendemos lo inmensurable del poder de Jesús todo cambia en nosotros y a nuestro alrededor. El sentir y ver su gloria manifestada es un suceso y un privilegio para el ser humano que engendra en nuestras almas la voluntad de seguir a Jesús en su caminar, y de ser parte de su Reino. Como dijo Yiye ¿A Su Nombre? *Gloria* porque no hay nada que se compare con su Gloria y Majestad.

«POR SUS LLAGAS FUISTEIS SANADOS».

«Mas él herido fue por nuestras rebeliones, molido por nuestros pecados; el castigo de nuestra paz fue sobre él y por sus llagas fuimos nosotros curados».

—Isaías 53:5 (RVR 1960)

Cristo fue azotado, golpeado, lacerado y maltratado corporalmente por nuestra salvación, pero también por nuestra paz, libertad, sanidad emocional y sanidad física. «Por sus llagas fuimos sanados» es la afirmación bíblica de que solo por el sacrificio que Cristo hizo en la cruz del Calvario es que obtenemos curación.

Cuando Yiye Ávila hacía el llamado a los enfermos que tenían fe, realizaba la declaración «por sus llagas fuisteis sanados», siempre utilizando una voz que transmitía autoridad y unción. Era el decreto de un hombre que había conocido en carne propia lo que es ser curado por esas llagas cuando fue libertado de la opresión que le causaba el dolor crónico de la artritis reumatoide.

Cuando se es sanado de forma sobrenatural por las llagas de Jesucristo, sabes que sabes que sabes, que Él tiene el poder para hacerlo. Jesús es el mismo ayer, hoy y por todos los siglos. Esa convicción hacía que Yiye, en muchas ocasiones, orara más de una vez por una persona que esperaba el milagro de sanidad, con la certeza de que Jesús completaría la obra. Sabía y reconocía que Jesús se llevaría la gloria y que el enemigo no saldría triunfante. El Señor no deja la fe de sus hijos en vergüenza.

Yiye siempre enseñó que quien sana es Jesucristo por sus llagas, y que los milagros no tienen que ver con el ministro que intercede por sanidad. Es conforme a la fe de quien solicita el milagro que es hecho (ver Mateo 9:29). Hay quienes pueden pensar que la manifestación de la sanidad es resultado de un ministerio o de una persona, Yiye enfatizó el hecho de que los seres humanos no pueden atribuirse la gloria de nada. Solamente Cristo, solamente Él es quien lo hace y merece toda la gloria y el honor.

«CRISTO VIENE».

«He aquí yo vengo pronto, y mi galardón conmigo, para recompensar a cada uno según su obra».
—Apocalipsis 22:12 (RVR 1960)

Una de las frases que más Yiye repitió y que fue uno de los ejes centrales de su ministerio fue sobre la venida de Cristo. Se supone que cada uno de los creyentes en Jesucristo esperemos Su venida con entusiasmo y con fe. Es el acontecimiento que está conectado a la esperanza de los seguidores de Jesús.

Yiye identificaba que era necesario el que la gente predicara sobre los últimos días. Él predicaba y enseñaba sobre la importancia de la venida de Cristo. A pesar de las señales que estamos viviendo, no es un tema que se predique con la premura que se requiere para estos tiempos. ¿Por qué premura? Muchos no se están dando cuenta que hay urgencia de enseñar, ministrar y llevar a la gente a internalizar que Cristo viene pronto.

La venida de Cristo es un tema que ha generado controversias teológicas entre diferentes grupos religiosos. Sin embargo, Yiye siempre se mantuvo en la visión concreta de que Jesús levantará una iglesia santa en un tiempo dado. Tal y como lo manifiesta Efesios 5:27:

«Para presentársela a sí mismo como una iglesia radiante, sin mancha, ni arruga, ni ninguna otra imperfección, sino santa e intachable».

«CREO EN TI, JESÚS».

«Porque en el evangelio la justicia de Dios se revela por fe y para fe, como está escrito: mas el justo por la fe vivirá».

—Romanos 1:17 (RVR 1960)

Afirmar que se cree en Jesús es una declaración de total confianza. Es reconocer que las personas o las circunstancias pueden fallar, pero el Señor nunca falla. La seguridad de que el Señor obra a favor de sus hijos es una evidencia de la fe que tenía Yiye y que debemos tener todos nosotros. Así como la tuvieron dos ciegos que se encontraron con el Señor cuando este salió de la casa de Jairo, después de haber sanado a su hija:

«Pasando Jesús de allí, le siguieron dos ciegos, dando voces y diciendo: ¡ten misericordia de nosotros, Hijo de David! Y llegado a la casa, vinieron a él los ciegos; y Jesús les dijo: ¿Creéis que puedo hacer esto? Ellos dijeron: Si, Señor. Entonces les tocó los ojos, diciendo: conforme a vuestra fe os sea hecho. Y los ojos de ellos fueron abiertos. Y Jesús les encargó rigurosamente, diciendo: Mirad que nadie lo sepa. Pero salidos ellos, divulgaron la fama de él por toda aquella tierra».

Mateo 9:27-31(RVR 1960)

Sobre Yiye, no debe extrañarnos que una persona que tuvo experiencias personales, profundas y sobrenaturales con la persona de Jesucristo creyera no solo en Él, sino en todo lo que puede hacer. No hay nada imposible para Jesús.

Los seres humanos podemos ser vulnerables y reconocemos que, frente a eventos presionantes o circunstancias complejas, puede ser un total desafío mantenernos firmes y en una completa dependencia de la providencia del Señor.

«Creo en ti, Jesús» es la evidencia de un hombre que hace una declaración sin dudas. Había visto a Dios obrar en formas tan portentosas, no solo en su cuerpo, sino también en su ministerio y en tantas otras cosas, que ya sabía perfectamente que en Jesús se puede confiar.

«EL FIN SE ACERCA».

«Y será predicado este evangelio del reino en todo el mundo, para testimonio a todas las naciones; y entonces vendrá el fin».

—Mateo 24:14 (RVR 1960)

Yiye predicaba que las señales del retorno de Cristo están cumplidas. Creía firmemente que si el rapto aún no ha sucedido es porque Dios está dando oportunidades adicionales a toda la humanidad que está perdida. Como en los tiempos de Noé que Dios dio siete días adicionales de oportunidad. Para Yiye «*estamos en un regalo de días que Dios ha añadido, pero ese regalo de días se acabará.*»

Admiro que fue un hombre de posturas firmes y fue enérgico en su mensaje. Yiye constantemente exponía el mensaje: «*no somos de abajo, somos de arriba, Dios nos tiene prestados aquí. Estamos prestados aquí para guiar a otros a la salvación hasta que Dios cierre la puerta*». Esto va en acuerdo con lo dijo Jesús en oración al Padre celestial:

«Yo les he dado tu palabra: y el mundo los aborreció, porque no son del mundo, como tampoco yo soy del mundo. No ruego que los quites del mundo, sino que los guardes del mal. No son del mundo, como yo tampoco soy del mundo»

Juan 17: 14-16 (RVR 1960)

Todos, como creyentes, debemos tener el compromiso de aprender y crecer más en el tema del fin de los días, no solo por nosotros, sino también para instruir a otros. Debemos hacer una introspección y evaluación de cómo se encuentra nuestra propia vida y si estamos preparados para nuestro encuentro con Jesús.

«GRACIAS PORQUE LO HICISTE. POR TU PALABRA FUE HECHO».

«El Espíritu es el que da vida; la carne para nada aprovecha, las palabras que yo os he hablado son espíritu y son vida».

Juan 6:63 (RVR 1960)

«Gracias porque lo hiciste» implica que ya está visualizando y contemplando la obra finalizada. Yiye estaba promulgando lo que es la fe en acción. Es llamarles a las cosas que no son como si fuesen (ver Romanos 4:17). La Palabra es espíritu y es vida. Lo que sale de Jesús tiene poder. De nuestra boca sale la vida o la muerte (ver Proverbios 18:21).

«Por tu Palabra fue hecho» es la convicción de que la Palabra es viva y eficaz. Su Palabra no pasará, aunque pasen los años y los siglos y tiene la misma efectividad. El Salmo 107:20 (LBLA)dice:

«Él envió su palabra y los sanó y los libró de la muerte».

Yiye sabía perfectamente, por experiencias vividas, que una palabra proveniente de Jesús es suficiente para sanar. Esto está evidenciado en la Biblia en la narración del centurión y su criado.

«Entrando Jesús en Capernaum, vino a él un centurión, rogándole, y diciendo: Señor, mi criado esta postrado en casa, paralitico, gravemente atormentado. Y Jesús le dijo: Yo iré y le sanare. Respondió el centurión y dijo: Señor, no soy digno de que entres bajo mi techo; solamente di la palabra, y mi criado sanará. Porque también yo soy hombre bajo autoridad y tengo bajo mis órdenes soldados; y dijo a este: ve, y va; y al otro: Ven, y viene; y a mi siervo: Haz esto, y lo hace. Al oírlo Jesús, se maravilló, y dijo a los que le seguían: De cierto os digo, que ni aun en Israel he hallado tanta fe. Y os digo que vendrán muchos del oriente y del occidente y se sentarán con Abraham e Isaac y Jacob en el reino de los cielos; mas los hijos del reino serán echados a las tinieblas de afuera; allí será el lloro y el crujir de dientes. Entonces Jesús dijo al centurión: Ve, y como creíste, te sea hecho. Y su criado fue sanado en aquella misma hora».

Mateo 8: 5-13 (RVR 1960)

¿QUIÉN LO HIZO? ¡CRISTO!

La vanagloria es un germen que ha contaminado muchos ministerios. He observado que son esos ministros que comienzan a apuntarse a ellos mismos como los autores del poder de Dios que terminan en vergüenza y humillación. Dios nunca comparte su gloria con nadie. Nosotros somos simples mortales que el Señor por su gracia y su infinita misericordia nos usa como instrumentos.

La autosuficiencia es un valor cotizadísimo en la tierra, pero un verdadero estorbo en los asuntos del reino de los Cielos. Cuando nos creemos autosuficientes comienza nuestro declive. Soltar nuestra dependencia de Dios y de su poder es el preludio a la caída.

¿Quién lo hizo? Cristo es la afirmación de que solo Cristo es, solo Cristo puede, solo Cristo sabe, Solo Cristo es quien hace todas las cosas. ¡Solo Él! El poder está en lo que hizo en la cruz del Calvario y en la victoria de su resurrección. Ya lo dice 1era de Corintios 3:7

> «Así que no cuenta ni el que siembra ni el que riega, sino solo Dios, quien es el que hace crecer».

Yiye cuidaba mucho que el culto no girara en torno a su persona. Podía ser fácil que la gente se confundiera y comenzaran a admirarlo a él. Toda la admiración le pertenece a Cristo. Puede ser parte de un perfil psicológico de narcisismo cuando el ministro necesita ser el admirado y reconocido. El narcisismo es un trastorno de personalidad asociado a una baja autoestima. Agradezco el ejemplo que Yiye nos dejó de humildad, y de estar tan claro de a quién le pertenece la gloria y el honor por los siglos de los siglos.

¡Hasta aquí nos ha traído el Señor con este muy estimado libro! Es honroso escribir sobre un hombre que fue multifacético en Dios y un gran visionario. Como diría Yiye, el que era muy consciente de que fue llamado a ser luz del mundo y no una estrella para las multitudes: «*¿Quién lo hizo? ¡Cristo! ¿A Su Nombre? ¡Gloria!*»

¡Gracias, amado lector!

Amado lector, te doy las gracias por acompañarme en esta travesía de parte de la vida y obra de Yiye Ávila. En la liberación de estas líneas escritas he vivido todo tipo de manifestación espiritual como en momentos en los que temblé, lloré, brinqué, corrí, me quebranté, me reí, me estremecí y hablé en lenguas. Esta vivencia fue muy particular como asignación del Cielo. Considero que es incomparable con otras labores similares que he hecho. No podría ser de otra manera tratándose de un hombre como él. ¡Es parte de su legado!

Lo que me resta es darle la gloria a Dios por su vida y creer que el Señor tiene y seguirá preparando a ministros bien cimentados en el Espíritu Santo porque a este mundo le hacen falta. ¡En este tiempo más que nunca!

¡Nos queda mucho por aprender! ¡Nos queda mucho por hacer! Creo firmemente con toda mi alma y con todas mis fuerzas que miles de personas serán inspiradas y motivadas por causa de este libro, «La vida de Yiye Ávila: un testimonio vivo del poder de Dios».

> «¿No saben que en una carrera todos los corredores compiten, pero solo uno obtiene el premio? Corran, pues, de tal manera que lo obtengan».
>
> 1 Corintios 9:24

Oración de Yiye Ávila para aceptar Salvación

Queremos terminar esta obra como Yiye culminaba todas sus campañas. Te invitamos a aceptar al Señor Jesucristo como tu Salvador y a transformar tu vida en este mismo momento. Lee en voz alta:

Amado Dios, acepto a Cristo ahora mismo como mi único Salvador. Te acepto, Jesús, públicamente. No me avergüenzo de ti. Perdona mis pecados. Perdóname, Jesús. Me arrepiento. Te acepto. Lávame en tu sangre y ayúdame que yo permanezca firme en tu camino, firme en la Iglesia. Que sea bautizado y que sea lleno del Espíritu Santo.

Gracias, Jesús. Creo en ti y soy salvo. Soy salvo. Creo en ti.

Y tu sangre limpió mis pescados. Amén. ¡Gloria a Dios!

Señor, escribe hoy mi nombre en el Libro de la Vida:

_____

Firma aqui

Acerca de la autora

La doctora Lis Milland, autora de éxitos de ventas en temas relacionados con la conducta humana, presenta esta vez sus habilidades investigativas y su profunda sensibilidad espiritual en un libro que la consagra como una escritora polifacética de novedosas destrezas literarias.

Es una mujer puertorriqueña, que ama y le cree a Dios. Tiene un Doctorado en Consejería de la Universidad Interamericana y una Maestría en Trabajo Social de la Universidad de Puerto Rico. Está certificada en distintas técnicas poco tradicionales para la terapia clínica de pacientes con depresión, trastornos de ansiedad y problemas de abuso de sustancias.

Fundó y dirige el Centro de Consejería Armonía Integral, Inc., donde ha atendido más de 20,000 casos como terapeuta clínico en Puerto Rico y en el extranjero. Se ha desempeñado como profesora universitaria a nivel graduado.

Ha sido misionera en Honduras, Ecuador, El Salvador, Islas Vírgenes y en tribus indígenas de la selva panameña. En estos lugares ha implementado la consejería grupal con base Teo-céntrica.

En Puerto Rico participa como moderadora en distintos medios de comunicación, radio y prensa escrita. Desde hace más de diez años tiene un segmento dirigido a la mujer en la emisora radial Nueva Vida 97.7fm.

Es la autora de los libros *Vive Libre, Vive Feliz*; *El perfil psicológico de Jesús, Lo que la pérdida no te puede quitar* y *Mujer conoce tu valor y vive con propósito, Nací para ser feliz* (edición bilingüe) de Casa Creación. *Gana la batalla en tu interior,* obtuvo el premio de Mejor libro del año 2022.

Está casada con el Dr. Luis Armando Rivera. Ambos son los orgullosos padres de Adrián Emmanuel. Reside en San Juan, Puerto Rico.

Para más información o contactar a la Dra. Lis Milland:

Tel. 787-396-8307
Email: dralismilland1@gmail.com
Facebook Lis Milland/ @dralismilland
Twitter: @lis_milland

DRA. LIS MILLAND

Nací para ser feliz

Un instrumento para fortalecer la autoestima, vencer los miedos, manejar la ira y desarrollar valores en los niños

I Was Born to Be Happy

A Tool to Strengthen Self-Esteem, Overcome Fears, Manage Anger, and Develop Values in Children

Dra. Lis Milland

UNA GUÍA PARA SANAR LA AUTOESTIMA

Mujer, conoce tu Valor y vive con propósito

DRA. LIS MILLAND

AUTORA DE LO QUE LA PÉRDIDA NO TE PUEDE QUITAR

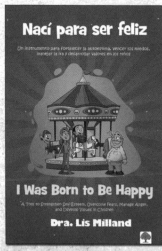

Prólogo por José Luis Navajo, autor de Un cadáver en Villa Fe

DRA. LIS MILLAND

Lo que la pérdida no te **PUEDE QUITAR**

Herramientas para SUPERAR el dolor emocional

Prólogo por la Dra. NORMA PANTOJAS

Dra. LIS MILLAND

Vive libre **VIVE FELIZ**

Una guía de **21 DÍAS** para la sanidad interior

EL PERFIL PSICOLÓGICO DE JESÚS

Aprendamos del Maestro a manejar efectivamente nuestras emociones

DRA. LIS MILLAND

AUTORA DE VIVE LIBRE, VIVE FELIZ

CASA CREACIÓN

Para vivir la Palabra

 /casacreacion
www.casacreacion.com

Te invitamos a que visites nuestra página web, donde podrás apreciar la pasión por la publicación de libros y Biblias:

www.casacreacion.com

Para vivir la Palabra